NINE SIMPLE RULES FOR PASTORS

목회자가 꼭 알아야 할 9가지 원리

김경원 지음

생명의말씀사

목회자가 꼭 알아야 할 9가지원리

ⓒ 생명의말씀사 2011

2011년 2월 25일 1판 1쇄 발행
2015년 4월 10일 　　　3쇄 발행

펴낸이 | 김재권
펴낸곳 | 생명의말씀사

등록 | 1962. 1. 10. No.300-1962-1
주소 | 서울시 종로구 경희궁1길 5-9(110-062)
전화 | 02)738-6555(본사) · 02)3159-7979(영업)
팩스 | 02)739-3824(본사) · 080-022-8585(영업)

지은이 | 김경원

기획편집 | 유선영, 임선희
디자인 | 이경희
인쇄 | 영진문원
제본 | 정문바인텍

ISBN 978-89-04-07122-7 (03230)

저작권자의 허락없이 이 책의 일부 또는 전체를
무단 복제, 전재, 발췌하면 저작권법에 의해 처벌을 받습니다.

목회자가 꼭 알아야 할
9가지 원리

Contents

머리말 • 8
추천사 • 11

원리1
정체성 _ 목회자인가, CEO인가? | 25

원리2
갈등 _ 어떻게 다룰 것인가? | 41

원리3
위기 _ 위기를 기회로 삼으라 | 61

원리4
탈진 _ 쓰러지기 전에 쉬라 | 85

원리5
자기관리 _ 최고의식, 여자, 돈을 경계하라 | 107

원리6
직분자 세우기 _ 인격을 먼저 보라 | 125

원리7
헬퍼 찾기 _ 1인자 같은 2인자를 세우라 | 149

원리8
양심 목회 _ 양 도둑질하지 말라 | 167

원리9
후임자 승계 _ 아름답게 떠나고, 보내기 | 183

맺음말 • 206

머리말 | 목회는 하나님의 은혜로 하는 것이다

　목회 초년 시절 대선배 목사님들을 바라보며 '어떻게 하면 저렇게 잘할 수 있을까?' 하는 생각을 많이 했다. 그러던 어느 날 서울의 한 큰 교회 목사님을 찾아뵐 기회가 있어서 "목사님, 어떻게 이처럼 성공적인 목회를 하시게 되었습니까? 그 비결이 무엇입니까?"라고 여쭈었다. 그런데 그분이 잠시 생각하시더니 "하나님 은혜지요"라고 하시는 것이 아닌가. 순간 '그런 말은 나도 하겠다!' 라는 생각이 들었다. 사실 그때 내가 기대한 것은 소위 목회 성공의 비법이었다. 그 대답은 실망만을 안겨주었다.

　그로부터 30여 년이 지나 이제 내가 그때 그 목사님의 나이가 되었다. 뒤돌아보니 '참으로 목회는 하나님의 은혜로 되는구나!' 하는

같은 생각을 가지게 되었다. 오늘 어느 후배가 내게 같은 질문을 한다면 나 역시 "목회는 하나님의 은혜로 하는 것이야"라고 대답할 수밖에 없다.

목사가 된 지 35년이 지났고 지금 목회하는 서현교회에서의 사역도 32년째이다. 별로 책을 쓴 적이 없는데 후배들이 목회하면서 필요한 것들을, 특히 현장의 경험들을 이야기하고 책으로 쓸 때가 되지 않았느냐고 주위에서 다그치는 바람에 어쭙잖게 이 책을 쓰게 되었다.

나 역시 목회를 하면서 수많은 시행착오를 겪었다. 지금 목회를 하는 모든 목회자들 역시 같은 경험을 한다. 그러기에 특히 목회 초년의 사역자들이 미리 알고 있으면 좋을 것 같은 내용들을 책으로 엮었다. 이 책은 목회학 이론서가 아니고 목회 현장의 이야기들을 중심으로 하고 있다. 어떤 이야기들은 나 자신의 경험이고 또 다른 이야기들은 다른 목회자들의 경험을 듣거나 책에서 읽고 인용하기도 했다. 할 수 있는 대로 목회의 성경적 원리를 가지고 현장의 이야기를 쓰고자 했다. 또한 목회 현장의 다양한 이야기들을 주제별로 나누어 다루었다. 이 책이 오늘날 사역에 힘쓰는 모든 목회자들에게, 특히 목회를 시작하는 이들에게 조금이라도 도움이 되었으면 감사하겠다.

이 책을 내면서 도움을 주신 분들에게 감사의 마음을 전하고 싶다. 무엇보다도 30여 년을 함께 동역한 서현교회 성도들께 감사한다. 부족한 글을 기쁨으로 추천해 주신 모든 분들과 이 책이 나오기까지 수고한 서현교회 모든 교역자들에게 고마움을 전한다. 일생 목회자의 아내로 함께해 온 아내 소명옥과 세 자녀 일홍, 인주, 현주에게 감사의 뜻을 새긴다. 이 책의 출판을 기꺼이 허락해 주신 생명의말씀사에 감사드린다.

김경원

| 추 | 천 | 사 |

NINE SIMPLE RULES
FOR PASTORS

진솔한 고백의 목회심서

「목회자가 꼭 알아야 할 9가지 원리」는 저자 김경원 목사의 35년 목회의 에필로그다. 그러나 바른 목회의 길을 가려는 후학 목회자들에게는 프롤로그가 될 것이다. 또한 저자의 현장목회론은 때로는 진솔한 고백으로, 때로는 큰 깨달음으로 펼쳐지는 목회심서(牧會心書)이며 막장에서 건져 올린 보석이자, 엄청난 광맥으로 안내하는 한줄기 빛이다.

저자는 목회 사역 현장에서 부딪히는 다양한 문제들을 텍스트에서 그 원리를 찾아 해법을 제시한다. 그리고 스스로 적용한 체험담을 간결하고 평이한 문장으로 투명하게 진술하고 있다.

바른 목회란 무엇인가? 목회자는 스스로를 어떻게 관리해야 하는

가? 목회윤리를 어떻게 세워 갈 것인가? 이런 명제에 대해 저자는 그 정답을 인간 편에서가 아닌 하나님 중심의 목회에서 찾는다. 부단한 영성관리와 치열한 자기 성찰에서 일구어 낸 결론들이어서 설득력을 갖는다.

내용의 주 무대는 저자가 섬기는 서현교회이지만 시공에 제한을 두지 않고 국내외 유명 교회와 목회자들의 사례를 소개함으로 그 지평을 넓혀 주고 있다. 대부분의 목회 지침서들이 서재에서 이루어지거나 서구 이론을 차용하는 풍토에서, 이 책은 우리 토양에서 캐낸 값진 유산이 아닐 수 없다.

우리의 정서상 금기시하는 부문도 가볍게 터치해서 다루어 오히려 마음 깊이 큰 울림으로 다가오게 하는 것은 저자의 독창적 역량일 것이다.

김경원 목사의 「목회자가 꼭 알아야 할 9가지 원리」는 격무 속에서도 바른길을 찾고자 하는 이 땅의 목회자들에게 친절한 길라잡이이며, 안팎의 거센 도전에 직면한 오늘의 교회를 향한 투명한 메시지이다.

박 종 구
(월간목회 발행인)

| 추 | 천 | 사 |

목회자들에게 큰 격려와 도움을 주는 책

이 책은 목회학 이론서가 아닌 사역현장에서 발로 뛴 이야기이다. 본인의 말대로 수많은 시행착오 속에서 경험한 바를 글로 옮겨 놓았다. 목회가 영글어가는 시점에 현장의 목소리를 담은 책이어서 무척 감동이 된다. 그는 "목회를 이렇게 하라"고 목회자들에게 한 수 가르칠 법한데도 '목회를 이렇게 했더라면 더욱 아름다웠을 터인데……' 하는 마음으로 글을 적었다.

이 책은 서구 유수의 신학대학에서 회자되는 목회이론서를 요약한 것이 아니라 뜨끈뜨끈하고 살아있는 언어로 목회현장에서 체험한 바를 기록한 책이다. 30대 초반에 교회에 부임하여 36년간 수많은 어려움을 겪으면서도 꿋꿋하게 주님의 모범을 따라 목자의 심정으로 외길을 걸었던 한 목회자의 이야기이다. 긴 목회기간 동안 얼마나 많은 우여곡절이 있었겠는가!

목회현장은 마치 날씨와도 같다. 쾌청한 하늘이었는데 갑자기 검은 구름이 몰려오면서 소낙비가 내린다. 장대비인가 싶다가도 금방 날씨가 개면서 언제 비가 왔냐는 식이다. 변덕스런 날씨로 우산을 가지고 가야하는지 아니면 그냥 가야하는지 고민하는 것처럼 목회도 매우 힘이 든다. 그러다 보니 목회 초년병들은 목양을 두려워하고 중진 목회자들은 목회현장에서 탈진을 호소한다.

목회에 대한 저자의 정의는 참으로 현장 목회자답다. 그는 목회를 "말씀과 성례를 중심으로 한 영적인 인간관계"로 정의하였다. 참으로 적절한 지적이다. 사람들이 모이면 자연히 인간관계가 형성되며, 인간관계가 존재하는 한 갈등관계가 빚어진다. 인간의 죄성으로 인하여 지상에 문제없는 교회는 없다. 저자는 목회행정의 달인(?)으로 목회자들에게 원리와 형태, 진리와 비진리를 구분하라고 조언한다. 그는 목회행정에서 주된 원리로 세 개를 든다. 곧 합법성, 합리성과 효율성이다. 그는 합법성, 곧 성경적 원리에서 양보하는 법이 없다. 그러나 합리성과 효율성에는 목숨을 걸지 않는다. 그는 분분한 의견 앞에서 과감하게 양보한다. 왜냐하면 이는 비진리의 문제이기 때문이다.

이처럼 저자는 자신이 목회현장에서 겪은 이야기를 솔직담백하게 엮어냄으로 목회 초년생들뿐 아니라 현직 목회자들에게도 큰 격려와 도움을 주고 있다. 따라서 목회자들뿐 아니라 신학생들, 더 나아가 일반 성도들에게도 필히 일독을 권하고 싶다.

김의원 박사
(전 총신대학교 총장, 현 백석대학교 부총장)

| 추 | 천 | 사 |

미래의 목회자들을 위한 좋은 안내서

좋은 책을 가진 사람은 항해사가 나침반을 가진 것과 같다는 말이 있다. 그 책이 그 분야의 길 안내자가 되기 때문이다.

목회자의 자질과 품성과 기능이 목회학의 3요소이다. 이에 대한 책들이 많이 발간되었지만, 홍수 때 마실 생수가 없음 같이 현장목회와 목회자가 반드시 읽어야 할 필독서가 많지 않았다.

이번에 영성과 인격과 목회자의 삶에 귀감이 되고 오랜 목회경험을 통해 많은 목회자들에게 참 멘토가 되시는 김경원 목사님께서 〈목회자가 꼭 알아야 할 9가지 원리〉를 책으로 내놓으셨다. 그동안 목회와 목회자에 대한 책이 많이 출판되었으나 어떤 책은 너무 이론적이어서 현장목회에 적용하기에는 거리가 멀고, 어떤 책은 너무 간증 중심이어서 목회원리로 적용하기에는 실천성이 부족하였던 것이 사실이다. 그러나 이번에 김경원 목사님께서 쓰신 책은 이론과 실제를 균형있게 나타낸, 목회가이드라인이 되는 값지고 소중한 책이다. 이 책속에는 단순히 목회자가 갖추어야 할 원리만 있는 것이 아니라 김 목사님의 영성과 목회관과 목회철학과 인격과 목회자에 대한 애정과 현장목회를 통하여 뼈아프게 느끼셨던 것들, 그리고 목회위기가 왔을 때 어떻게 극복하고 승화시킬 것인가에 대한 방법 등이 나타나 있다.

 이 책을 읽으시는 평신도들은 목회자에 대한 새로운 목사관이, 목회자들에게는 다음 목회에 대한 새 패러다임이 열리게 될 거라 기대된다. 미래의 목회자들에게 요구되는 새 목회, 뉴 패러다임 목회, 다음목회의 좋은 안내서가 될 것이라는 믿음을 가지고 추천하는 바이다.

정인찬
(백석신학교 학장 / 백석대학교 목회대학원장)

| 추 | 천 | 사 |

목회 리더십의 균형과 통전적 안목을 가진 책

김경원 목사님을 만날 때마다 항상 치우침이 없는 분이라는 느낌을 받았습니다. 과도하지 않으면서 결코 모자람이 없는 탁월한 균형 감각과 논리는 언제나 제게 감동이 되었습니다. 미루어 짐작은 했지만 본서를 보면서 김 목사님께서 한국교회의 연합과 갱신의 현장에서 보여준 리더십이 어디에 바탕을 두고 나왔는가를 새삼 확인할 수 있었습니다.

잔잔한 글 가운데 전해지는 이야기는 그래서 울림이 깊습니다. 이제야 한국교회가 축적된 목회 리더십의 균형과 통전적 안목을 가진 한 권의 책을 만났다는 것에 무한한 감동과 흥분을 느낍니다.

손인웅 목사
(덕수교회 담임, 한국기독교목회자협의회 대표회장)

| 추 | 천 | 사 |

훌륭한 목회 임상보고서

30여 년 전 총신대학교 일반대학원(Th.M.) 입학 때부터 지금까지 교제해 온 김경원 목사님은 영성과 지성을 겸비한 목회자다. 영력 있는 목회자로 건강한 목회가 무엇인지 보여 왔고, 웨스트민스터신학대학원대학교 총장을 역임하면서 지성적인 면모를 유감없이 발휘했다. 뿐만 아니라 탁월한 리더십으로 고 옥한흠 목사님의 뒤를 이어 지금까지 교회갱신협의회를 섬기고 있으며, 해외선교와 교단, 그리고 한국 교계를 위해서도 많은 일을 열정적으로 감당하고 있다. 본서는 저자의 이런 이력을 함축한 임상보고서라는 점에서 목회자들에게 크게 도움을 주리라고 믿는다. 목회자들이 자기반성을 하며 놓치고 있는 부분이 무엇이며, 필요한 부분이 무엇인지를 살피게 하는 소중한 책이다. 특히 본서는 목회 후학들에게 목회의 본질이 무엇이며, 어떻게 목회하는 것이 하나님이 원하시는 목회인지 깨닫게 해서 목회의 시행착오를 줄이는 데 큰 도움을 줄 것이다.

최명근 목사
(효성교회 담임, 총신대학교목회신학전문대학원 교수)

| 추 | 천 | 사 |

목사님의 깊은 내공이 느껴지는 책

김경원 목사님은 첫 인상이 차갑습니다. 말하자면 잔정이 없는 것처럼 보입니다. 그런데 가까이 가면 정말 잔정이 없는 목회자입니다. 그것이 30대 초반에 결코 작지 않은 목양지에 담임목사로 부임을 해서 35년 버텨낸 비결 아닌 비밀이라고 확신합니다.

  목사님의 목회를 흘깃 들여다보면 깊은 내공이 보입니다. 늘 쉽지 않은 목회현장에서 가장 중요한 균형을 유지하는 비밀이 무엇일까, 참 많이 궁금했습니다. 그런데 이 책에 바로 그 답이 있었습니다. 지금도 목회현장에서 수고하는 목회자들과 참된 목회자가 되기를 소망하는 후학들에게 강력히 추천하는 바입니다.

송태근 목사
(삼일교회 담임)

| 추 | 천 | 사 |

목회자와 신학도들을 위한 비타민같은 책입니다

본서에는 애정이 가득 담겨 있습니다. 바로 신학과 목회의 후배들을 격려하고자 하는 사랑의 마음이 페이지마다 녹아 있습니다. 총신대 신학대학원에서 후배 신학도들을 오랫동안 가르친 선생님의 마음이 엿보입니다. 한 교회에서 32년 동안 목회하시면서 온몸으로 경험하신 것들을 풀어낸 책이기에 공감을 이끌어내며, 동시에 목회자의 고뇌에 대한 처방을 제시합니다. 목사님께서 한 지역교회의 울타리를 뛰어넘어 신학대학의 총장 및 교회갱신협의회 대표회장으로 또한 한국기독교목회자협의회의 지도자로서 경험하신 안목이 곳곳에 배어 있습니다. 목회자와 신학도들의 정신과 현장에 활력을 불어넣는 비타민 같은 책이기에 기쁘게 일독을 권합니다.

오정호 목사
(새로남교회 담임, 대전광역시기독교연합회 회장)

| 추 | 천 | 사 |

이론과 실제를 겸비한 목회현장 안내서

목회를 하다보면 늘 아쉬움이 남습니다. 신학교에서 배운 목회학원론은 현장과 동떨어진 부분이 많고, 목회에세이는 이론적인 면에서 부족함을 느끼기 때문입니다. 그래서 목회현장을 위한 이론과 실제를 겸비한 안내서가 있으면 좋겠다고 늘 생각해 왔습니다.

  그런데 존경하는 선배 김경원 목사님이 30년 현장목회의 엑기스를 담은 책을 내놓았습니다. 교회와 학교, 교단을 넘나드는 살아있는 경험담은 후배 목회자들에게는 그야말로 기쁜 소식입니다. 지금도 수많은 시행착오를 겪고 있는 나와 같은 목회자들에게 목회의 파도를 반듯하게 잘 타고 넘을 수 있도록 주신 고마운 선물입니다.

장봉생 목사
(서대문교회 담임)

목회자가 꼭 알아야 할 9가지 원리

NINE SIMPLE RULES FOR PASTORS

NINE SIMPLE RULES FOR PASTORS

원리1

정체성
목회자인가, CEO인가?

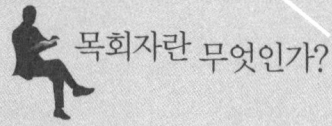
목회자란 무엇인가?

목회자 자신도 때로는 "목회자란 무엇인가? 목회자는 무엇을 하는 사람인가?"라는 질문에 대답하기가 좀 막막하다. 설교하는 사람인가? 심방하는 사람인가? 예수님을 CEO로 묘사한 어떤 책의 영향으로 오늘의 목회자를 CEO로 보는 경향도 있다.

"목회자는 CEO인가?" 이것은 교회관에 관한 문제이다. 교회는 존재론적으로 볼 때 유기체이다(고전 12장 참조). 교회는 몸으로 비유된다. 물론 사역적인 면에서 볼 때 교회는 조직체의 성격을 띤다(박형룡, 『조직신학 교회론』 참조). 이처럼 교회를 단순히 조직체로만 보면 최고관리자인 CEO로서의 목회자를 생각할 수 있고, 따라서 목회자는 CEO가 되기도 한다.

성경이 말하는 목회자

성경에는 직접적으로 목회자를 지칭하는 표현이 나오지 않는다. 그러나 신약성경에서 사도들과 초대 교회 사역자들에게 붙여진 호칭들을 통해서 이를 살펴볼 수 있다.

- 어부 (마 4:19 참조)
- 증인 (행 1:8 참조)
- 감독 (행 20:28; 딤전 1:1-2 참조)
- 종 (빌 1:1 참조)
- 일꾼 (롬 15:16 참조)
- 청지기 (딛 1:7 참조)
- 교사 (딤전 2:7 참조)
- 전도인 (딤후 4:7 참조)

이런 다양한 호칭들에는 오늘날 목사직의 다양한 모습이 들어 있고 그 속에서 사명을 발견할 수 있다. 그러나 무엇보다 목회자에 관한 가장 중요한 표현은 목자라고 할 수 있다.

목자 – 목사

요한복음 21장 15절 이하에서 부활하신 예수님이 베드로를 교회의 지도자로 다시 세우시는 모습을 볼 수 있다. 베드로를 찾아가신 예수님은 "네가 나를 사랑하느냐"는 질문을 세 번이나 하셨다. 그리고 "내 양을 먹이라", 또는 "내 양을 치라"고 말씀하셨다. 이 본문은 흔히 예수님을 세 번이나 모른다고 부인하는 실패를 맛본 수제자 베드로의 사도권을 주님이 회복시키시고 초대 교회의 지도자, 목회자로 세우시는 장면이라고 알려져 있다.

예수님이 "내 양을 먹이라", "내 양을 치라"고 말씀하신 것은 베드로의 사역이나 그 직이 목자의 역할임을 뜻한다. 이후 베드로는 목자 의식으로 초대 교회를 이끌었다. 베드로전서 5장 1-4절을 보라.

> "너희 중 장로들에게 권하노니 나는 함께 장로 된 자요 그리스도의 고난의 증인이요 나타날 영광에 참여할 자니라 너희 중에 있는 하나님의 양 무리를 치되 억지로 하지 말고 하나님의 뜻을 따라 자원함으로 하며 더러운 이득을 위하여 하지 말고 기꺼이 하며 맡은 자들에게 주장하는 자세를 하지 말고 양 무리의 본이 되라 그리하면 목자장이 나타나실 때에 시들지 아니하는 영광의 관을 얻으리라"(벧전 5:1-4).

베드로는 당시 교회의 지도자들에게 목자로서의 사명을 감당해야 한다고 말했다. 곧 하나님의 양 무리를 치는 것과 양 무리의 본이 될 것을 권한 것이다.

바울도 사도행전 20장에서 에베소 교회 장로들과 이별할 때 "온 양 떼를 위하여 삼가라"(행 20:28), "사나운 이리가……양 떼를 아끼지 아니하며"(행 20:29)라고 당부하면서 목사직을 목양의 개념으로 이해하고 있음을 보여주었다. 즉 목회자를 목자의 위치로, 성도들을 양 떼로 말하고 있는 것이다.

목자와 양으로 그 관계를 표현한 것은 구약 시대, 하나님과 이스라엘의 관계에서 이미 나타났다. 하나님과 이스라엘의 관계를 나타내는 표현에는 여러 가지가 있다.

- ▶ 아버지와 아들(출 4장 참조)
- ▶ 왕과 백성(시 100편 참조)
- ▶ 주인과 종(사 41장 참조)
- ▶ 남편과 아내(호세아서 참조)
- ▶ 농부와 포도원(사 5장 참조)
- ▶ 목자와 양(시 100편 참조)

이들 중 가장 중요한 표현은 목자와 양이다(시 23편; 요 10장 참조).

목자의 역할과 사역

목사라는 말의 어원은 헬라어 포이멘(ποιμήν)이다. 이는 목자를 의미하는 말인데 신약성경에 18회 나온다. 그중에서 17회는 목자로 번역되었고 1회만 목사로 번역되었다(엡 4:11 참조). 여기서 목사는 무엇보다도 목자이며 목자적 사명을 가지고 있음을 알 수 있다.

그렇다면 목자는 무엇을 하는 사람인가? 목축업이 주산업이 아닌 우리나라에서는 그 개념이 쉽게 떠오르지 않으나 목축을 주업으로 하는 이스라엘의 경우 목자라고 하면 바로 그 개념을 이해할 수 있다. 따라서 목자의 사명을 가진 목사가 무엇을 하는 사람인지 분명해진다.

우리는 시편 23편 다윗의 고백에서 목자의 직무, 곧 오늘날의 목사의 직무를 쉽게 이해할 수 있다.

"여호와는 나의 목자시니 내게 부족함이 없으리로다 그가 나를 푸른 풀밭에 누이시며 쉴 만한 물 가로 인도하시는도다 내 영혼을 소생시키시고 자기 이름을 위하여 의의 길로 인도하시는도다 내가 사망의 음침한 골짜기로 다닐지라도 해를 두려워하지 않을 것은 주께서 나와 함께 하심이라 주의 지팡이와 막대기가 나를 안위하시나이다 주께서 내 원수의 목전에서 내게 상을 차려 주시고 기름을 내 머리에 부으셨으니 내 잔이 넘치나이다 내 평생에 선하심과 인자하심이 반드시 나를 따르리니 내가 여호와의 집에 영원히 살리로다" (시 23:1-6).

1. 양떼를 먹이는 사역

목자의 제일 사역은 양떼에게 좋은 꼴을 먹이고 좋은 물을 마시게 하는 것이다. 이를 위해 목자는 양떼를 푸른 초장, 쉴 만한 물가로 이끈다. 먼저는 풍성한 꼴을 먹이며 주림이 없게 해야 하고 양들이 갈증이 없게 해야 한다(요 7:37-39 참조). 참 목자이신 예수님이 그렇게 하셨다. 이는 다음 두 구절에서 증명된다.

"도둑이 오는 것은 도둑질하고 죽이고 멸망시키려는 것뿐이요 내가 온 것은 양으로 생명을 얻게 하고 더 풍성히 얻게 하려는 것이라" (요 10:10).

"예수께서 이르시되 내가 진실로 진실로 너희에게 이르노니 모세가 너희에게 하늘로부터 떡을 준 것이 아니라 내 아버지께서 너희에게 하늘로부터 참 떡을 주시나니 하나님의 떡은 하늘에서 내려 세상에 생명을 주는 것이니라 그들이 이르되 주여 이 떡을 항상 우리에게 주소서 예수께서 이르시되 나는 생명의 떡이니 내게 오는 자는 결코 주리지 아니할 터이요 나를 믿는 자는 영원히 목마르지 아니하리라"(요 6:32-35).

그러나 무엇이든지 풍성하게 먹는다고 다 좋은 것은 아니다. 독초를 가려 못 먹게 해야 한다. 만약 좋은 꼴이 아닌 것을 먹을 경우 양이 병들고 죽을 수 있기 때문이다. 예수님은 베드로를 목자로 세우시며 "내 양을 먹이라"고 말씀하셨다(요 21:15-17 참조). 목자의 첫 사명은 양떼에게 좋은 꼴을 풍성하게 공급하는 것이다.

2. 양떼를 인도하는 사역

양이라는 동물은 다른 동물과 다른 특징이 있다. 청각은 잘 발달되어 있으나 시각이 좋지 못하다는 것이다. 즉, 잘 들으나 앞을 잘 보지 못하는 특징이 있다. 때문에 양은 그냥 내버려두면 전혀 길을 찾지 못하기에 목자가 항상 앞서서 갈 길을 인도해 주어야 한다. 어디가 바른 길이며, 초장이며, 시냇가인지를 목자가 앞서서 인도해야 한다. 그러지 않으면 잘못된 길, 위험한 곳으로 빠질 수 있다. 반면 양들은 청각이 발달하여 자기 목자의 음성을 잘 분별한다. 거짓 목자가 와서 부르면 따르지 않고 오직 참 목자의 음성만을 듣는다.

"문지기는 그를 위하여 문을 열고 양은 그의 음성을 듣나니
그가 자기 양의 이름을 각각 불러 인도하여 내느니라"
(요 10:3).

예수님이 베드로에게 "내 양을 치라"고 하신 말씀에는 넓은 의미에서 인도하는 사역이 포함되어 있다고 볼 수 있다. 그래서 베드로도 사역자들에게 "양 무리를 치되"(벧전 5:2)라고 말했다.

3. 양들을 보호하는 사역

목자의 또 다른 중요한 역할은 양떼를 보호하는 것이다. 양은 유순할 뿐 아니라 스스로를 방어할 무기가 전혀 없는 짐승이다. 그래서 흉악한 짐승이 오면 그대로 당할 수밖에 없다. 목자는 양떼를 우리 속에 넣어 보호하고 푸른 초장에서도 항상 경계하며 보호해야 한다. 바울은 양떼를 보호하는 사역에 관해 다음과 같이 표현했다.

"여러분은 자기를 위하여 또는 온 양 떼를 위하여 삼가라 성
령이 그들 가운데 여러분을 감독자로 삼고 하나님이 자기
피로 사신 교회를 보살피게 하셨느니라 내가 떠난 후에 사
나운 이리가 여러분에게 들어와서 그 양 떼를 아끼지 아니
하며 또한 여러분 중에서도 제자들을 끌어 자기를 따르게

하려고 어그러진 말을 하는 사람들이 일어날 줄을 내가 아노라"(행 20:28-30).

다윗은 자신이 목동 시절에 양떼를 보호했던 경험을 이렇게 말했다.

"다윗이 사울에게 말하되 주의 종이 아버지의 양을 지킬 때에 사자나 곰이 와서 양 떼에서 새끼를 물어가면 내가 따라가서 그것을 치고 그 입에서 새끼를 건져내었고 그것이 일어나 나를 해하고자 하면 내가 그 수염을 잡고 그것을 쳐죽였나이다 주의 종이 사자와 곰도 쳤은즉 살아 계시는 하나님의 군대를 모욕한 이 할례 받지 않은 블레셋 사람이리이까 그가 그 짐승의 하나와 같이 되리이다 또 다윗이 이르되 여호와께서 나를 사자의 발톱과 곰의 발톱에서 건져내셨은즉 나를 이 블레셋 사람의 손에서도 건져내시리이다 사울이 다윗에게 이르되 가라 여호와께서 너와 함께 계시기를 원하노라"(삼상17:34-37).

4. 양떼를 격려하고 회복시키는 사역

목자의 또 다른 사역은 양들을 격려하고 회복시키는 일이다. 양이 피곤하거나 낙심하거나 상처를 입었을 경우, 또는 길을 잃고 헤매고 있을 때 목자는 양을 찾아서 어깨에 멘다.

> "너희 중에 어떤 사람이 양 백 마리가 있는데 그 중의 하나를 잃으면 아흔아홉 마리를 들에 두고 그 잃은 것을 찾아내기까지 찾아다니지 아니하겠느냐 또 찾아낸즉 즐거워 어깨에 메고 집에 와서 그 벗과 이웃을 불러 모으고 말하되 나와 함께 즐기자 나의 잃은 양을 찾아내었노라 하리라" (눅 15:4-6).

목자는 상처가 많은 양을 싸매어주고 낙심한 양을 위로하고 격려하며 불안해하는 양을 평안케 해준다. 일반적으로 목회는 육신을 돌보는 사역이 아닌 영혼을 돌보는 사역이다. 힐트너(Hiltner)는 목회자의 임무에 관하여 치료와 지탱 그리고 인도의 세 개념을 사용해 "치료하고 지탱하는 사역은 위로하며 고통을 당하는 사람과 함께 버티고 서는 것이다"라고 말했다. 양들을 사랑하기에 안기도 하고 찾기도 하고 상처를 어루만지고 격려하는 것이다. 즉 이 모든 것을 통해 치유과 회복을 일으킨다.

목자의 마음을 가졌는가?

　참 목자는 목양의 기술을 터득한 사람이 아니다. 물론 목양의 기술도 어느 정도 필요하지만 더 중요한 것은 목자의 마음이다. 즉 목자의 심정으로 양떼를 대해야 한다.

　무엇보다 양 무리의 주인 되시는 주님을 진정으로 사랑해야 한다. 예수님이 베드로를 목양의 사명, 즉 목자로 세우시기 전에 세 번 거듭 물으신 질문은 "네가 나를 사랑하느냐"(요 21:15)였다. 즉 참 목자장이시며 양떼의 원주인은 주님이시다. 목자로 세움받은 목사의 양이 아니다. 원주인이신 주님이 우리에게 위탁하신 것이다. 그러므로 목양의 첫걸음은 주님을 사랑하는 데서부터 시작된다. 참 목자는 주님을 진정으로 뜨겁게 사랑해야 한다.

　목자로서 목사는 동시에 양떼를 사랑해야 한다. 목양의 대상인 양 무리를 믿음으로 사랑하고 먹이고 인도하고 보호하고 치유해야 한다. 이 사랑의 마음이 없이 목회하는 목사는 목자가 아니라 삯꾼이다. 삯꾼은 삯을 위해서만 일하고 삯만큼 일한다. 오늘날 불행하게도 목사가 목자의 자리에서 삯꾼의 자리로 바꿔 사역하고 있는 모습이 도처에서 발견된다. 진실로 양을 사랑해야만 양을 위해 희생할 수 있다.

> "나는 선한 목자라 선한 목자는 양들을 위하여 목숨을 버리거니와 삯꾼은 목자가 아니요 양도 제 양이 아니라 이리가 오는 것을 보면 양을 버리고 달아나나니 이리가 양을 물어 가고 또 헤치느니라 달아나는 것은 그가 삯꾼인 까닭에 양을 돌보지 아니함이나"(요 10:11-13).

오늘날의 목회자들은 자기희생적 사랑으로 주님이 맡기신 양떼를 잘 목양하고 있는지 스스로 돌아볼 필요가 있다.

다음으로 목자 의식을 늘 가지고 사역해야 한다. 물론 조직체로서의 교회를 이끌다 보면 성경에 나타난 감독이나 관리자로서의 역할이 필요할 때도 있다. 그러나 어디까지나 목회자는 목자 의식으로 사역해야 한다. 목양을 단순히 양떼 감독이나 목장 관리로 생각해선 안 된다. 진정한 목자 의식은 늘 양떼에 마음을 두고(잠 27:23 참조) 양떼의 아픔을 같이 느끼며 늘 고심하는 것이다.

"어떻게 하면 양 무리에게 좋은 말씀의 꼴을 먹일 수 있을까?" 고심하고 발버둥쳐야 한다. 깨어 있는 목자(행 20:31 참조)는 양떼 위에 군림하지 않고 겸손으로 섬긴다. 목회자는 거룩한 예복을 입은 독재자가 되지 말아야 할 것이다. 찰스 제퍼슨(Charles E. Jefferson)이 그의 책 『목자, 목사』에서 목사직이 철저히 목자임을 강조했듯이 목사는 CEO이기 이전에 먼저 목자임을 반드시 기억해야 한다.

끝으로 목사가 된 지 36년이나 된 내게 큰 충격을 주어 새로운 다짐을 하게 한 고든 맥도날드(Gordon Mcdonald)의 글 일부를 소개하고자 한다. 글의 제목은 "새벽 3시에 걸려온 전화 - 무엇이 목자를 진정한 목자로 만드는가?"이다(『크리스처니티투데이』, 2010년 3월호 참조).

고든 맥도날드에게 어느 날 새벽 3시에 전화가 걸려왔다. 순간 그는 '심방 사역자들은 다 어디 간 거지? 난 병원 담당이 아닌데……' 하고 생각했다. 전화 내용은 성도의 아내가 죽어가는데 많이 두려워하고 있고 진정제도 안 되고 남편이나 가족, 심지어 의료진도 어찌하지 못하는 상황이었다. 맥도날드는 전화를 받고 병원으로 갔다. 가족들, 의료진은 뒤로 물러나고 환자와 조용히 대화하며 시편 23편의 말씀을 따라하게 하며 안정시켰다. 결국 환자는 한 시간 뒤 평안하게 세상을 떠났다.

이 사건을 경험한 후 맥도날드는 '나는 목사인가, 목자인가?' 하는 질문을 하게 되었다. 교회가 성장하면서 그는 목양의 자리에서 회사 대표이사의 자리로 바뀌었고 이제는 조직만을 관리하게 되었다고 고백했다. 양을 위한 목자의 마음과 자세를 가지고 한 마리 한 마리 먹이고 돌보고 인도하고 보호해야 하는데 말이다. 목자와 양의 관계는 철저히 지켜져야 한다. 그러나 오늘날의 목회자들은 너무 엉뚱한 일에 바쁜 것은 아닌지 생각해 볼 일이다.

맥도날드는 말한다. "만약 누군가 목사를 만나기 위하여 3주 전에 예약을 해야 한다면 더 이상 그 직분에 목사라는 타이틀을 붙일 수 없다고 생각한다. 어느 교인이 '나는 우리 목사님의 설교를 3년 동안 들었지만 개인적으로 만나본 일이 없어.'라고 한다면 그를 목사라 부를 수 있겠는가?"

충격적이다. 오늘날 한국 교회에서 어느 정도 규모가 있는 교회의 목회자들은 다 해당되는 이야기이다. 물론 대형 교회도 필요하고 대형 교회 목회자의 특수한 사명과 사역도 있겠지만 목회자가 CEO, 대표회장으로 인식되고, 그렇게 불린다면 주님이 말씀하신 목자의 사명과는 거리가 멀 수밖에 없다.

목회자는 스스로 늘 질문해야 한다. "나는 목자인가? 선한 목자인가? 양들을 잘 먹이고 있는가? 양떼를 잘 치고 있는가?" 머지않아 양 무리를 위탁하신 목자장이 나타나실 것이다.

NINE SIMPLE RULES FOR PASTORS

원리2

갈등

어떻게 다룰 것인가?

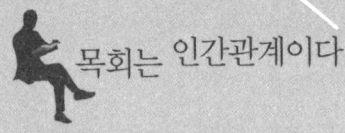
목회는 인간관계이다

"목회가 도대체 무엇인가?" 이 질문에 선뜻 대답하기 어려울 때가 있다. 과연 목회란 무엇인가? "목회가 뭐 심방하고 기도하는 것이지, 설교하는 것이지." 이렇게 대답하기는 하지만 나는 먼저 우리가 하고 있는 목회에 대한 정의를 내리고 싶다.

성경적으로 목회를 이야기할 때는 먼저 요한복음 21장 15-17절에 나타난, 예수님이 베드로에게 물으신 질문을 살펴볼 필요가 있다. "네가 나를 사랑하느냐"고 세 번 물으신 예수께서 하신 말씀은 "내 양을 먹이고 내 양을 치라"는 것이었다. "먹이는 사역"과 "치는 사역", 이는 목회의 두 기둥이라고 할 수 있다. 먹인다는 것은 영적으로 먹이는 것, 즉 설교를 비롯해서 성경공부 등 말씀을 중심으로 영적 양식을 공급하는 사역이다. "치다"는 말을 포괄적으로 생각하면 관리하는 것을 의미한다. 이는 교회 행정을 비롯하여 교인들을 돌아보고 관리하는 영역이라고 말할 수 있다.

실천신학자 에드워드 투르나이젠(Eduard Thurneysen)은 목회란 "설교와 성례전을 중심으로 해서 하나님의 말씀으로 양육하고 훈련하는 것이다"라고 그 의미를 규정했다. 비록 학문적인 정의는 아니지만 경험을 토대로 볼 때 "목회란 인간관계"라고 정의하고 싶다. 단순히 세속적인 인간관계가 아니라 "말씀과 성례를 중심으로 한 영적인 인간관계"를 말한다.

"목회 사역에서 가장 힘들고 어려운 것이 무엇이냐?"는 질문에 물론 사람마다 다르겠지만 어떤 사람은 설교가 힘들다, 어떤 사람은 심방이 힘들다, 혹은 새벽기도가 힘들다는 등의 이야기를 한다. 설교가 힘든 것은 사실이다. 설교의 중요성은 더 말할 필요가 없다. 어떤 사람은 목회의 70% 이상이 설교 사역이고 설교의 성패에 따라 교회 성장의 성패가 갈린다고 말한다. 나 역시 그 의견에 동의한다. 그러나 아무리 설교를 잘한다고 할지라도 인간관계가 삐뚤어진 상황에서 설교는 설교로 전해지지 않는다는 것이 현실이다. 예를 들어 어떤 교인과 목회자 사이에 갈등으로 인한 앙금이 생겼다. 이런 상태에서는 목회자가 강단에 올라가서 아무리 은혜로운 설교를 해봐야 소용이 없다. 먼저 설교자와 교인과의 인간관계가 잘 수립된 후에야 설교가 진정 은혜롭게 전해지고, 제 기능을 발휘할 수 있는 것이다.

귀중한 말씀 사역이 제대로 이루어지기 위해서는 목회자와 교인과의 갈등이 해소되어야 한다. 목회자는 목회 현장에서 많은 사람과 인간관계를 맺는다. 예를 들면 담임목사와 부교역자, 목회자와 장로, 목회자와 평신도 등의 관계가 있다. 이런 관계들은 참 어렵고 힘들다. 아마 이 가운데 목회자가 가장 힘들어하는 관계는 장로와의 관계일 것이다. 어느 목회자에게 물어보아도 똑같은 대답을 얻을 것이다. 이러한 관계는 목회 현장에서 때로 깊은 고민을 안겨주며 심한 스트레스로 목회자를 괴롭힌다.

리더십 스타일과 갈등처리 방식

목회자의 리더십 스타일에 따라서 갈등을 불러일으키는 정도와 갈등처리 방식이 다양하게 나타난다. 리더십 스타일에는 여러 종류가 있지만 특별히 독특하게 분류된 유형이 있다.(리폼드신학교, 왓슨 교수)

▶ 첫째, 개 같은 목회자이다 (Dog Style).
▶ 둘째, 사자 같은 목회자이다 (Lion Style).

▶ **셋째, 여우 같은 목회자이다** (Fox Style).

"개 같은 목회자"라고 해서 부정적으로 생각할 필요는 없다. 우리 사회에서는 "개 같다"고 하면 아주 심한 욕이 되지만 여기에서는 충직성을 강조한다. 그래서 개 같은 목회자는 아주 충직하고 철저히 목양적인 목회자를 의미한다. 둘째로 "사자 같은 목회자"는 공격적이고 지시적인 목회자를 말한다. 마지막으로 "여우 같은 목회자"는 분석적인 유형의 목회자이다.

세 가지 유형 중에서 당신은 어떤 것에 가깝다고 생각하는가? 매우 목양적이고 충직한 유형인가? 아니면 공격적, 지시적인 카리스마로 교회를 주도하는 유형인가? 또는 머리가 비상해서 분석적이고 타협적으로 문제를 해결해 가는 유형인가? 물론 이는 무엇이 더 좋고 나쁨을 말하는 것이 아니다. 단지 목회자의 다양한 특성을 제시할 뿐이다.

일반적으로 한국의 관념 속에서는 개 같은 유형이 가장 좋은 목회자라고 한다. 왜냐하면 목양적이고 충직하기 때문이다. 그러나 여기에도 단점이 있다. 너무 충직해서 진취적이지 못할 때가 있기 때문이다. 반면에 사자 같은 유형은 일을 강하게 끌고 간다. 당회는 물론이고 교회 전체를 주도적으로 이끌어가면서 반대 세력을 공격하고 모든 것을 지시적으로 이끌어간다. 이런 유형은 갈등을 굉장히 많이 불러일으키는 맹점을 가지고 있다. 이에 반해 여우 같은 유형은 갈등을 최소화한다. 모든 것을 듣되 즉각적인 반응을 보이지 않는다. 문제를 철저하게 분석한다. 문제의 원인, 해결 방안을 생각하고 제시하는 스타일이다. 따라서 갈등을 적게 일으키고 갈등이 발생했을 때도 쉽게 해결하는 편이다. 우리는 각자의 스타일을 알고 이를 통해 강점을 살리고 약점은 보완해 가야 할 것이다.

갈등은 왜 일어나는가?

1. 성경에 나타난 갈등 사례들

먼저 갈등이 생기는 것은 지극히 정상이라고 전제하고 싶다. 목회 가운데 갈등이 생기는 것은 당연하다. 문제는 갈등이 일어났을 때 '왜 내 목회에는 문제가 많은가? 무엇을 잘못해서 그런가?' 이렇게 고민만 하는 것이다. 거듭 말하지만 갈등이 있는 것은 정상이다. 정도의 차이는 있지만 지상 교회는 불완전하고 목회자 역시 불완전한 인간이기 때문에 갈등이 있기 마련이다. 완벽한 목회는 절대 있을 수 없다. 어느 누가 완벽한 목회를 할 수 있겠는가? 문제 없는 교회는 없다. 다 크고 작은 문제를 끌어안고 있다. 갈등이 없는 현장이 있다면 그것은 무덤이다. 죽으면 갈등이 없는 것이다. 그러므로 살아 있다면 갈등은 존재하기 마련이다.

성경에서 말하는 갈등의 근본적인 원인은 죄악이다. 에덴동산에 창조된 처음 상태에는 갈등이 없었다. 하나님과 아담, 그리고 아담과 하와 간에는 갈등이 없었다. 그러나 죄가 들어오고 난 후 갈등이 생기기 시작했다. 그래서 하나님을 피하기 시작했고 하나님의 책망을 들었다. "아담아 네가 어디 있느냐?" 그리고 다음에는 아담과 하와 부부 간에 갈등이 생겼다. "누구 때문에 그렇게 됐느냐?"는 하나님의 질문에 아담은 "하나님이 주신 아내 때문입니다"라고 대답했다. 부부 사이에 갈등이 생긴 것이다. 이렇듯 갈등의 가장 기본적인 원인은 죄이다. 목회자도 죄성을 갖고 있고 모든 교인도 죄성을 가진 인간이기에 서로가 갈등을 일으킬 수밖에 없다. 그렇기 때문에 갈등이 있는 것은 정상이다. 성경에 나타난 갈등의 경우를 구체적으로 살펴보자.

예수님이 처하신 갈등 상황 ㅣ 예수님에게는 갈등이 없었는가? 하나님이신 동시에 메시아로서 인간의 몸을 입고 오신 예수님 자신은 죄가 없으셨다. 그러나 죄된 인간들을 다루시는 과정에서 엄청난 갈등을 겪으셨다. 사복음서를 통해 우리는 예수님의 갈등을 많이 보았다. 예를 들어 마태복음 10장 34절, "내가……검을 주러 왔노라"는 말씀에서 검은 싸우는 것이 아닌가? 또한 마태복음 21장 12-16

절을 보면 우리가 잘 아는 성전 청결사건이 나온다. 예수님은 예루살렘 성전에서 돈 바꾸는 사람들, 비둘기 파는 사람들의 소리가 들리자 상을 다 엎으시고 이들을 몰아내시면서 "내 집은 기도하는 집이라 일컬음을 받으리라 하였거늘 너희는 강도의 소굴을 만드는도다" 하고 책망하셨다. 이로 인해 예수님과 상인들 간에 갈등이 시작되었다. 쫓겨난 사람들은 '저 예수를 어떻게 처치해 버릴까?' 하는 생각이 마음속에서 소용돌이치기 시작했다.

예수님은 이 땅에서 사역하시면서 때로 스스로 갈등을 일으키시고 그 갈등에 휩싸이셨다. 그 대표적인 예가 마태복음 23장에 기록된 유명한 사건이다. 예수님은 바리새인들의 그릇된 신앙에 대하여 "화 있을진저"라는 말씀으로 일곱 번이나 책망하셨다. 예수님께 책망받은 사람들의 기분이 좋았을 리 없다. 그러니까 바리새인들의 심중에도 '저 예수를 어떻게 처리할까?' 하는 갈등이 생긴 것이다.

성경에서 볼 수 있듯이 예수님 역시 사역에 있어서 갈등을 일으키시고, 갈등을 느끼셨다. 예수님의 목회도 갈등이 있는 목회였음을 알 수 있다.

모세가 처한 갈등 상황 | 모세도 광야 교회를 지도하는 과정에서 많은 갈등을 겪었다. 백성들은 물이 없다고, 먹을 것이 없다고 계속해서 반역했고 심지어 모세를 죽이려고까지 했다. 출애굽기 32장

에 나타난 금송아지 사건을 생각해 보자. 모세가 십계명을 받기 위해 40일 동안 시내산에 올라간 사이 백성들이 "우리를 인도할 신을 만들라 이 모세 곧 우리를 애굽 땅에서 인도하여 낸 사람은 어찌 되었는지 알지 못함이니라"고 하며 금송아지를 만든 사건이 벌어졌다. 이 모습을 본 모세는 들고 있던 돌비를 던져 깨뜨리며 분노했다. 모세와 백성들 사이에 엄청난 갈등이 일어난 것이다. 이 외에도 모세는 수많은 갈등을 겪었다.

바울이 처한 갈등 상황 | 예수님과 모세처럼 바울 역시 수많은 갈등을 겪었다. 그의 서신 에베소서 4장 26-27절을 보면 "분", 즉 분노라는 단어가 나오고, 6장 11절에는 "하나님의 전신갑주를 입으라"는 기록이 있는데 이는 싸우라는 것이다. 싸움은 곧 갈등을 뜻한다.

2. 성격과 리더십 스타일의 차이

앞에서 언급한 목회 스타일 중에서 사자 같은 스타일은 목회자의 갈등과 문제를 종종 야기한다. 사자 같은 스타일의 목회자는 조그만 것에도 분노를 참지 못한다. 인내하지 못하고 그냥 있는 대로 쏟아 내버리기에 많은 갈등을 일으킬 수밖에 없다.

이는 바울에게서 많이 발견되는 모습이다. 예를 들어 사도행전

15장 36-41절에서 바울이 두 번째 전도여행을 떠나려 할 때를 살펴보자. 첫 번째 전도 여행에서 마가가 "나 포기요" 하며 중간에 그만두자 바울은 꽤 큰 충격을 받았던 것 같다. 그런데 두 번째 전도 여행에서 바나바가 "마가가 앞에서 실수를 하기는 했지만 한 번 더 기회를 줍시다" 하고 제안하자 바울은 "안 됩니다. 한 번 실수하면 또 합니다. 만약에 또 실수하면 이 전도팀에 큰 충격을 줍니다. 하나님의 사역에 이런 막대한 지장을 주는 사람을 데려갈 수는 없습니다" 하며 단호하게 거절했다. 여기서 바울과 바나바 사이에 갈등이 생기는 모습을 볼 수 있다. 이 경우 누가 옳은가? 바울인가, 아니면 바나바인가? 둘 다 옳다. 또는 둘 다 틀리다. 이것은 어느 쪽이 옳으냐, 틀리냐를 따질 문제가 아니다. 왜냐하면 진리와 비진리의 문제가 아니기 때문이다. 둘 다 나름대로 이유가 충분하다. 단지 바울은 원칙에서 벗어나는 일을 용납하지 않은 것뿐이다.

"바르게 해야 한다! 교회를 바로 세워야 한다!" 목적은 똑같지만 그것을 달성하는 방법에는 차이가 있다. 그 방법은 성격에 좌우된다. 직접적으로 때려서 고칠 수 있다. 그러나 이런 경우 부러지기가 쉽다. 오히려 정면으로 맞서지 않는 것, 또는 강단에서 내리치지 않고 대화를 통해 이해의 폭을 넓히는 방법으로 처리할 수 있다. 또한 바울처럼 원칙이 철저히 살아 있고 불의와 타협하지 않는 것도 좋은 태도이다.

3. 갈등의 긍정적인 요소

사실 어느 정도 갈등이 있는 것이 좋은 때도 있다. 갈등에는 긍정적인 면이 있기 때문이다. 우리는 갈등이 있으면 교회가 평안하지 않고 문제가 있는 것이라고 생각하여 고개를 설레설레 흔든다. 물론 평안해야 한다. 그러나 갈등이 없으면 목회자 자신이 죽을 수 있다. 갈등이 없으면 교인들의 신앙이 나태해지고 신앙이 죽을 수 있다.

이런 글을 읽은 적이 있다. 미국 동부에서 서부로 생선을 이송하는 데 차를 이용할 경우 며칠이 걸린다. 그래서 수조의 물을 바닷물과 같은 농도와 온도로 맞추고 생선을 이송한다. 그런데 일주일 정도 운행해서 도착해 보니 생선이 다 죽어 있었다. 그래서 수조에 흉측한 문어를 몇 마리 집어넣었다. 그랬더니 물고기들이 문어에 잡혀 먹히지 않으려고 이리저리 발버둥을 치기 시작했다. 그렇게 일주일을 지난 물고기들은 도착 후에도 모두 살아 있었다.

이 간단한 비유는 우리 목회 현장과 너무 흡사하다. 너무 편안해서 안일해지면 목회자 역시 나태해져 죽을 수 있다. 더 이상 기도할 제목들이 사라져버린다. 약간의 문제가 생겼을 때 그 때문에 기도하고, 그 때문에 고민하고, 생각하고, 그래서 오히려 목회자가 영적 생명력을 유지하게 되는 것이다.

그러므로 갈등을 꼭 부정적으로만 볼 필요는 없다. 그래서 서두에서 갈등이 정상이라고 한 것이다. 한 의학박사는 "스트레스는 인생의 양념이다"라고 했다. 그러므로 갈등 자체를 부정적으로 보고 문제 삼으면 항상 '내 목회는 왜 이러나?' 하고 낙심하게 된다. 그러나 갈등이 생겼을 때 '이 문제는 도대체 왜 생겼으며 어떻게 해결해야 할 것인가?' 라고 생각하면 갈등을 잘 관리할 수 있게 된다. 이것이 최근 실천실학의 한 부분으로 떠오르는 "갈등관리론"이다.

갈등 상황, 이렇게 대처하라

1. 화평을 도모하라 (롬 12:17-21 참조)

할 수 있거든 화평을 도모하라. 목회 현장 속에서든 다른 사람과의 관계 속에서든, 당회원이든 평신도 개개인이든 될 수 있는 대로 화평의 관계를 도모하도록 애써야 한다. 구체적인 예로 잠언 15장은 "유순한 대답은 분노를 쉬게 하여도"라고 말씀한다. 말을 너무 과격하게 하지 않도록 주의하라는 것이다. 말 때문에 갈등을 일으키는 경우가 참 많다. 말이라는 것이 "아" 다르고 "어" 다른 것인데, 말한 의도와 달리 상대방이 오해해서 갈등이 생기는 경우가 종종 있다.

그러므로 목회자는 말로써 화평을 깨뜨리지 않도록 사전에 조심해야 한다. 화평을 도모하는 또 다른 길은 창세기 32장의 야곱과 같은 경우에서 찾아볼 수 있다. 야곱은 선물을 가지고 화평을 도모했다. 그는 형을 속여 축복을 가로채고 외삼촌 집에서 20년간 살다가 돌아왔다. 많은 재산, 많은 식구를 거느리고 금의환향하는 것 같으나 실상은 고향이 가까웠을 때 얍복강을 건너기 전 소문이 20년 전의 원수를 갚겠다고 형이 기다리고 있다는 가슴 답답한 이야기였다. 갈등이다. 형제간에 갈등이 생겼다. 이때 야곱은 선물을 잔뜩 보냈다. 선물을 통해서 형의 마음을 돌려보려고 애썼던 것이다. 물론 나중에 얍복 강가에서 기도를 통해 해결되었지만 선물을 통해 좋은 관계를 가지려고, 좋은 관계를 회복하려고 노력하는 것도 괜찮은 방법이 될 수 있다. 무엇보다 중요한 것은 화평을 도모하는 것이다. 목회자는 교회의 평안을 위해 힘써야 한다.

2. 대화를 통해 해결하라 (행 15:1-18; 마 18:15-20 참조)

대화를 통해서 갈등을 해결하라. 대화가 잘 되지 않을 때는 담이 쌓이고 오해와 갈등이 생긴다. 대화가 잘 된다는 것은 갈등이 일어나지 않을 뿐 아니라 갈등이 생겼을 경우 해결 방안이 있다는 것이다.

사도행전 15장에 보면 할례 문제로 인해 교회 내에 엄청난 갈등이 일어났다. 그들은 예루살렘 교회에 몇 사람을 보내 대화를 통해 해결했다. 그 당시 유대인과 이방인의 장벽은 엄청나게 큰 것이었다. 전혀 대화가 되지 않았다. 그런데 하나님이 고넬료 가정에 베드로를 가게 하시고 그의 순종으로 그들 사이의 장벽이 무너졌다. 곧 이 사건을 가지고 비난하는 사람들이 생겼다. 그러나 베드로가 가서 모든 것을 다 이야기했을 때 그들은 인정하고 받아들였다. 즉 대화가 잘 되자 문제가 해결된 것이다.

목회자가 다른 사람들, 특히 교인과 말이 안 통한다면 큰 문제이다. 목회자가 '당회의 어떤 장로와 대화가 안 된다.', '나는 저 사람과 말하지 않겠다.' 하는 것은 엄청난 갈등이다. 목회자는 화평을 도모해야 함과 동시에 평상시 원활한 대화를 통해 갈등 상황을 미연에 방지해야 한다. 뿐만 아니라 대화는 갈등 상황을 해결할 수 있는 좋은 방법이다.

그렇기 때문에 목회자는 특히 모든 교인과 대화할 수 있는 통로가 있어야 한다. 더욱이 당회원들과의 대화에 막힘이 없어야 한다. 그것이 안 되면 다 안 되는 것이다. 당회원 관리는 당회장인 목회자가 공적인 모임 이전에 인간적인 관계에서 대화를 나눔으로써 이루어져야 한다. 이것이 안 되는 상태에서 공식 회의를 하면 좋은 결과가 나오기 어렵고 나아가 강단의 말씀이 적용되지 않는다.

대화는 쉬우면서도 어렵다. 바벨탑이 왜 실패했는가? 대화가 안 되었기 때문이다. 하나님이 언어를 혼잡하게 하셨기 때문에 말이 안 통했던 것이다. 말이 안 통하니까 탑 쌓기가 중단될 수밖에 없었다. 교회 사역도 마찬가지이다. 교회가 무엇을 성취하는 것도 중요하다.

그러나 일 중심의 사역이 되어서는 안 된다. 일 지향적인 목회 사역은 일중독에 빠뜨려 중요한 인간관계를 놓치게 만든다. 일의 진행이 다소 늦어질지라도 먼저 대화하고 함께 화평을 도모하는 것이 더 중요하다.

3. 갈등을 증폭시켜라 (Escalation, 마 23장 참조)

증폭이란 점점 크게 만들어 터뜨리는 것을 말한다. 이것도 갈등을 해결하는 한 방법이다. 갈등으로 인한 문제를 극대화시키는 것이다. 마태복음 23장에서 예수님은 바리새인들, 서기관들을 향해 "화 있을진저" 하고 여지없이 책망하셨다. 예수님은 그들과 갈등 관계에 계셨다. 평소 그들의 생활과 신앙을 보고 갈등을 겪으셨던 것이다. 이러한 갈등을 예수님은 그냥 두지 않으시고 엄청나게 크게 만들어 터뜨리심으로 그 문제를 해결하셨다.

목회에 있어서 이러한 방법을 너무 자주 써서는 안 되겠지만 가끔은 필요할 때가 있다. 너무 여우 같은 스타일, 개 같은 스타일로 목회를 하다 보면 내적으로 썩을 수 있다. 그래서 가끔씩은 문제를 증폭시켜서 해결할 필요가 있다.

4. 후퇴하고 양보하라 (Withdrawal, 창 13:1-13 참조)

갈등 상황에 양보로 대처하는 방법도 있다. 창세기 13장 1-13절에 보면 아브라함과 롯의 사건이 나온다. 아브라함과 롯이 함께 거할 수 없게 되자 갈등이 생겼다. 목자들 간의 갈등은 자연스럽게 아브라함과 롯의 갈등으로 이어졌다. 이러한 상황에서 아브라함이 취한 태도는 후퇴, 즉 양보였다. "네가 좋은 대로 먼저 택하라. 네가 좌하면 나는 우하고, 네가 우하면 나는 좌하겠다." 양보는 갈등을 해결할 수 있는 좋은 방법이다.

목회자는 진리 문제에 관해서는 후퇴할 수 없지만 그 외의 문제에서는 어느 정도 양보하는 것이 필요하다. 교회 행정에는 합법성과 합리성, 그리고 효율성이라는 것이 있다. 현대 목회 행정은 이 세 가지를 따진다. 첫째는 합법성이다. 이것은 "법에 맞는가, 맞지 않는가?" 하는 것이다. 여기서 법이란 먼저 성경의 법을 말하고, 다음은 교회 헌법을 뜻한다. 둘째는 합리성이다. "일하는 것이 이치에 맞는가?"를 보는 것이다. 셋째는 효율성이다. "얼마만큼의 효과가 있는가?" 하는 것이다. 현대 행정은 합법성보다는 합리성과 효율성 쪽으로 기울어지는 것이 사실이다. 그러나 합법성 문제에 있어서 우리는 양보할 수 없다. 합리성과 효율성에 관해서는 사람마다 견해가 매우 다르다. 중요한 것은 목회자가 이러한 일에 목숨을 걸 필요가 없다는 것이다. 목회자는 의견이 분분한 것에 대해서는 과감하게 양보하는 자세가 필요하다.

5. 정면으로 대립하라 (Use of power, 마 21:12-16 참조)

정면으로 대립하여 갈등에 대처하는 방법도 있다. 이는 힘을 사용해서 전면적으로 대립하는 것이다. 양보가 좋을 때도 있지만 어떤 경우는 정면으로 맞서야 한다. 예를 들어 마태복음 21장 12-16절에 보면 성전 청결사건이 나온다. 성전에서 예수님은 갈등 앞에서 후퇴하지 않으시고 정면 대결하셨다. 예수님은 때로 이처럼 증폭시켜 터 뜨리기도 하시고, 후퇴하기도 하시고, 정면 대립하기도 하셨다. 예수님의 갈등 처리 방법을 보면 참 다양하다는 것을 알 수 있다.

바울도 마찬가지이다. 데살로니가후서 3장 10절에서 바울은 "일하기 싫어하거든 먹지도 말게 하라"고 했다. 이는 데살로니가 교회 안에 일도 하지 않고 그저 무위도식하면서 일거리만 만드는 사람들을 향해 한 말이다. 이는 엄청나게 강한 표현이다. 일을 안 하려거든 먹지 말라는 것이다. 예수님도 성전을 정결케 하실 때 채찍을 들고 쫓아내셨다. 정면 대립을 하신 것이다.

이 방법은 힘을 사용하는 것이다. 이때 반드시 생각해야 할 점이 있다. 자신에게 반대 세력을 꺾을 힘이 있는지 없는지를 먼저 파악해야 하는 것이다. 함부로 힘을 쓰면 오히려 당할 수 있다. 자신에게 상대를 제압할 수 있는 힘이 있다고 생각될 때만 정면으로 대립해야 한다. 여기서 힘이란 여러 가지를 의미한다. 예를 들어 영적인 힘이라면 목회자의 영권 앞에 압도당할 정도가 되어야 한다. 아니면 실력이 뛰어나든지, 말씀의 능력이 있든지, 기도의 힘이 있든지 해야 한다. 어떤 종류의 힘이든 목회자가 강한 힘을 가지고 있을 때만 이 방법을 사용할 수 있다. 중요한 점은 정면 대립은 함부로 사용하지 말아야 한다는 것이다. 사자 같은 힘으로 상대방을 압도할 수 있을 때만 사용해야 한다.

친구 목사가 당회원과 갈등이 생겼다. 결국 그는 체력전에서 밀려 사표를 내고 말았다. 스트레스를 많이 받으며 지내다가 주일 1부 예배 때 입이 돌아가버린 것이다. 그러자 그는 "아이고, 나 죽겠다." 하며 손을 들고 말았다. 영적인 힘도 중요하지만 육체적인 건강도 매우 중요하다.

영육 간에 힘이 있어야 한다. 힘이 있을 때라야 상대방을 압도할 수 있는 것이다. 이것은 목회자가 단순히 이기기 위해 시시비비하는 것이 아니다. 하나님의 교회를 바로 목회하고 세우기 위해서 없앨 것을 없애고, 누를 것을 누르고, 해산할 것을 해산시키기 위함이다. 이를 위해 사용할 힘이 목회자에게 있어야 한다.

오늘날 목회의 큰 문제는 방법론을 몰라서 일어나는 것이 아니다. 성공 목회, 교회 부흥에 대한 수많은 방법이 열거되고 있다. 그럼에도 불구하고 여전히 문제가 해결되지 못하는 이유는 한국 교회 목회자들의 영적인 힘이 상실되고 있기 때문이다. 그러므로 갈등과 정면 대립하여 제대로 끌고 가려면 힘이 있어야 한다.

6. 갈등관계를 유지하라 (Maintenance, 롬 7:22; 빌 3:13-14 참조)

갈등 관계를 계속 유지해 가는 것도 한 방법이다. 로마서 7장 22절에 나오는 바울의 호소에 따르면 개인의 마음에는 두 가지 법이 있다. 빌립보서 3장 13-14절에서 그는 "뒤에 있는 것은 잊어버리고……푯대를 향하여" 달려가라고 했다. 이는 긴장과 갈등 유지가 신앙과 목회에 도움이 될 수 있다는 것이다.

예를 들어 사도행전 6장에 보면 교회에 내분이 생겼다. 그러나 그로 인해 오히려 직제를 구별하게 되었다. 또한 사도행전 15장 36절에서 바울과 바나바는 갈등으로 심하게 다투었지만 이로 인해 전도팀이 두 팀이 되었다. 사도행전 8장에서는 핍박이 있었다. 사회와 기독교 공동체와의 큰 갈등이었다. 그러나 이로 인해 성도들이 흩어서 전도하게 되었다. 갈등 유지가 오히려 더 큰 유익을 가져온 것이다.

목회자에게 갈등은 당연한 것이다. 목회자의 능력껏 여러 가지 방법을 통해서 갈등 관리를 잘하느냐, 못하느냐에 따라 목회 성패가 갈린다고 해도 과언이 아니다. 갈등 관리를 잘했을 때 발전적인 것을 얻을 수 있는가 하면, 갈등으로 오히려 낭패를 당하는 경우도 있다.

목회자는 갈등을 관리하는 능력을 키워야 한다. 그 힘을 가질 필요가 있다. 힘이란 앞서 언급한 것처럼 모든 종류의 힘을 말한다. 목회자들이 갈등을 해결할 때, 그리고 이 모든 원리들을 자신의 목회 현장에서 상황에 따라 적절하게 사용할 때, 오늘 맡겨진 목양지에서 여러 갈등을 잘 해결하고 하나님이 원하시는 좋은 목회 현장을 만들어갈 수 있다.

원리3

위기

위기를 기회로 삼으라

일생을 살면서 누구나 다 삶의 위기를 경험한다. 건강상의 위기나 사업상의 위기, 가정과 자녀로 인한 위기 등이 있다. 목회도 마찬가지이다. 평생 사역을 하다보면 예상치 못한 위기들을 직면하게 된다.

위기 앞에 선 모세

첫 번째 위기 - 홍해 사건

모세는 정말 위대한 지도자다. 이스라엘 백성을 이끌고 출애굽하여 가나안 땅에 이르기까지의 사역은 실로 놀랍다. 40년의 광야 통과 역사 속에서 그는 수많은 사건 사고를 경험했다. 그의 지도력에도 여러 차례 위기가 있었다. 되풀이되는 사건들은 주로 이스라엘 백성이 어려움에 처했을 때 모세를 향해 쏟아낸 원망과 불평들이었다. 이런 사건들을 잘 해결하지 못하면 큰 위기로 발전할 위험성이 있다.

첫 번째 위기는 출애굽 후 홍해 바다에서 일어났다. 앞에는 홍해가 가로막고 있고 뒤에는 애굽 병사들이 추격해 오는 일촉즉발의 위기 상황이었다.

> "바로가 가까이 올 때에 이스라엘 자손이 눈을 들어 본즉 애굽 사람들이 자기들 뒤에 이른지라 이스라엘 자손이 심히 두려워하여 여호와께 부르짖고 그들이 또 모세에게 이르되 애굽에 매장지가 없어서 당신이 우리를 이끌어 내어 이 광야에서 죽게 하느냐 어찌하여 당신이 우리를 애굽에서 이끌어내어 우리에게 이같이 하느냐 우리가 애굽에서 당신에게 이른 말이 이것이 아니냐 이르기를 우리를 내버려 두라 우리가 애굽 사람을 섬길 것이라 하지 아니하더냐 애굽 사람을 섬기는 것이 광야에서 죽는 것보다 낫겠노라"
>
> (출 14:10-12)

뒤이어 물을 얻지 못하고, 물을 찾았으나 쓴 물이라서 마시지 못하여 모세를 원망한 사건이 일어났다.

> "모세가 홍해에서 이스라엘을 인도하매 그들이 나와서 수르 광야로 들어가서 거기서 사흘길을 걸었으나 물을 얻지 못하고 마라에 이르렀더니 그 곳 물이 써서 마시지 못하겠으므로 그 이름을 마라라 하였더라 백성이 모세에게 원망하여 이르되 우리가 무엇을 마실까 하매"(출 15:22-24).

먹을 것이 없어 모세를 원망한 사건도 있다.

> "이스라엘 자손의 온 회중이 엘림에서 떠나 엘림과 시내 산 사이에 있는 신 광야에 이르니 애굽에서 나온 후 둘째 달 십오일이라 이스라엘 자손 온 회중이 그 광야에서 모세와 아론을 원망하여 이스라엘 자손이 그들에게 이르되 우리가 애굽 땅에서 고기 가마 곁에 앉아 있던 때와 떡을 배불리 먹던 때에 여호와의 손에 죽었더라면 좋았을 것을 너희가 이 광야로 우리를 인도해 내어 이 온 회중이 주려 죽게 하는도다"(출 16:1-3).

이 위기의 사건들 앞에서 볼 수 있는 모세의 공통적 자세는 기도와 하나님의 능력으로 문제를 해결하여 원망을 잠재웠다는 것이다.

두 번째 위기 - 금송아지 사건

시내산에서 모세는 또다시 큰 위기를 맞았다. 그가 시내산에 올라가 하나님으로부터 십계명을 받는 사이 산 아래에서는 백성들과 아론이 하나님을 대신하는 금송아지를 만들고 그에 절하는 등 야단이 났다.

> "백성이 모세가 산에서 내려옴이 더딤을 보고 모여 백성이 아론에게 이르러 말하되 일어나라 우리를 위하여 우리를 인도할 신을 만들라 이 모세 곧 우리를 애굽 땅에서 인도하여 낸 사람은 어찌 되었는지 알지 못함이니라 아론이 그들에게 이르되 너희의 아내와 자녀의 귀에서 금 고리를 빼어 내게로 가져오라 모든 백성이 그 귀에서 금 고리를 빼어 아론에게로 가져가매 아론이 그들의 손에서 금 고리를 받아 부어서 조각칼로 새겨 송아지 형상을 만드니 그들이 말하되 이스라엘아 이는 너희를 애굽 땅에서 인도하여 낸 너희의 신이로다 하는지라 아론이 보고 그 앞에 제단을 쌓고 이에 아론이 공포하여 이르되 내일은 여호와의 절일이니라 하니 이튿날에 그들

이 일찍이 일어나 번제를 드리며 화목제를 드리고 백성이 앉
아서 먹고 마시며 일어나서 뛰놀더라"(출 32:1-6).

이제는 하나님의 분노하심이 큰 문제가 되었다. 부패한 이스라엘
을 다 멸망시켜버리겠다고 말씀하신 것이다. 백성들의 부패와 하나
님의 진노, 이 둘 사이에서 큰 위기를 만난 지도자 모세는 가장 먼저
하나님께 이스라엘의 사죄를 간구했다.

"어찌하여 애굽 사람들이 이르기를 여호와가 자기의 백성
을 산에서 죽이고 지면에서 진멸하려는 악한 의도로 인도해
내었다고 말하게 하시려 하나이까 주의 맹렬한 노를 그치시
고 뜻을 돌이키사 주의 백성에게 이 화를 내리지 마옵소서"
(출 32:12).

그리고 백성들을 향해서는 단호했다. 즉 위기 국면에 맞서 정면으
로 돌파하며 먼저 금송아지를 던져 깨뜨리고 죄를 범한 이들을 처단
하는 일을 감행했다.

"레위 자손이 모세의 말대로 행하매 이 날에 백성 중에 삼천
명 가량이 죽임을 당하니라"(출 32:28).

그리고 이 모든 잘못을 자신의 책임으로 돌렸다.

"그러나 이제 그들의 죄를 사하시옵소서 그렇지 아니하시오면 원하건대 주께서 기록하신 책에서 내 이름을 지워 버려 주옵소서"(출 32:32).

"내가 참으로 주의 목전에 은총을 입었사오면 원하건대 주의 길을 내게 보이사 내게 주를 알리시고 나로 주의 목전에 은총을 입게 하시며 이 족속을 주의 백성으로 여기소서 여호와께서 이르시되 내가 친히 가리라 내가 너를 쉬게 하리라"(출 33:13-14).

세 번째 위기 - 정탐꾼 사건

출애굽 40년 여정에서 모세가 만난 최대의 위기는 정탐꾼 사건이다. 출애굽한 지 2년쯤 되었을 때 바란 광야에 도착한 모세는 가나안 땅에 정탐꾼을 보냈다. 사실 정탐할 필요 없이 그냥 쳐들어가면 되는데 이스라엘 백성들이 먼저 정탐꾼을 보내자고 요청했다(신 1:22 참조). 그래서 각 지파에서 한 사람씩 대표를 선발하여 40일간 가나안 땅을 정탐하게 하였다(민 13:2-16 참조). 그런데 40일간 정탐하고 온 정탐꾼들의 보고가 서로 달랐다. 열두 명 중 열 명은 가나안 땅으로 갈 수 없다고 부정적인 보고를 했다.

"그러나 그 땅 거주민은 강하고 성읍은 견고하고 심히 클 뿐 아니라 거기서 아낙 자손을 보았으며"(민 13:28).

"그와 함께 올라갔던 사람들은 이르되 우리는 능히 올라가서 그 백성을 치지 못하리라 그들은 우리보다 강하니라 하고 이스라엘 자손 앞에서 그 정탐한 땅을 악평하여 이르되 우리가 두루 다니며 정탐한 땅은 그 거주민을 삼키는 땅이요 거기서 본 모든 백성은 신장이 장대한 자들이며 거기서 네피림 후손인 아낙 자손의 거인들을 보았나니 우리는 스스로 보기에도 메뚜기 같으니 그들이 보기에도 그와 같았을 것이니라"(민 13:31-33).

반면 여호수아와 갈렙은 긍정적인 보고, 즉 정복할 수 있다고 했다. 문제는 백성들의 믿음이었다. 백성들(남자 장정만 60만 명) 대부분은 두 명의 보고보다 열 명의 보고를 믿고 아우성치고 통곡하며 모세와 아론을 원망했다.

"온 회중이 소리를 높여 부르짖으며 백성이 밤새도록 통곡

하였더라 이스라엘 자손이 다 모세와 아론을 원망하며 온 회중이 그들에게 이르되 우리가 애굽 땅에서 죽었거나 이 광야에서 죽었으면 좋았을 것을 어찌하여 여호와가 우리를 그 땅으로 인도하여 칼에 쓰러지게 하려 하는가 우리 처자가 사로잡히리니 애굽으로 돌아가는 것이 낫지 아니하랴 이에 서로 말하되 우리가 한 지휘관을 세우고 애굽으로 돌아가자 하매"(민 14:1-4).

열 명의 선동에 이스라엘 백성 전체가 요동을 한 것이다. 아무리 여호수아와 갈렙이 설명을 해도 백성들은 듣지 않았다.

"그 땅을 정탐한 자 중 눈의 아들 여호수아와 여분네의 아들 갈렙이 자기들의 옷을 찢고 이스라엘 자손의 온 회중에게 말하여 이르되 우리가 두루 다니며 정탐한 땅은 심히 아름다운 땅이라 여호와께서 우리를 기뻐하시면 우리를 그 땅으로 인도하여 들이시고 그 땅을 우리에게 주시리라 이는 과연 젖과 꿀이 흐르는 땅이니라 다만 여호와를 거역하지는 말라 또 그 땅 백성을 두려워하지 말라 그들은 우리의 먹이라 그들의 보호자는 그들에게서 떠났고 여호와는 우리와 함께 하시느니라 그들을 두려워하지 말라 하나 온 회중이 그들을 돌로 치려 하는데 그때에 여호와의 영광이 회막에서 이스라엘 모든 자손에게 나타나시니라"(민 14:6-10).

모세로서는 절체절명의 위기를 만났다. 교회도 마찬가지이다. 몇 사람의 선동에 사실이 왜곡되어 온 교회가 소동한다. 온갖 거짓이 난무하고 목회는 곤두박질친다. 아무리 진실을 말해도 귀를 막고 듣지 않는다. 이럴 때 목회자는 죽을 맛이다. 모세도 아무 방법이 없었다. 백성들은 밤새 통곡하고 원망하며 다른 지도자를 세워 애굽으로 돌아가자고 외쳤다. 모세는 아무 잘못이 없었다. 그런데도 모세에게 물러나라고 아우성쳤다.

이는 오늘의 목회 현장에서도 있을 수 있는 일이다. 너무 황당하지만 사실이다. 목회자는 아무 잘못도 없다. 그런데 공연히 반대하고 교인들을 선동하여 목회자를 몰아내려고 한다. 이런 절체절명의 위기 앞에서 모세가 한 일은 기도뿐이었다.

"모세와 아론이 이스라엘 자손의 온 회중 앞에서 엎드린지라"(민 14:5).

그리고 해결은 하나님이 하셨다.

"모세의 보냄을 받고 땅을 정탐하고 돌아와서 그 땅을 악평하여 온 회중이 모세를 원망하게 한 사람 곧 그 땅에 대하여 악평한 자들은 여호와 앞에서 재앙으로 죽었고 그 땅을 정탐하러 갔던 사람들 중에서 오직 눈의 아들 여호수아와 여분네의 아들 갈렙은 생존하니라"(민 14:36-38).

이처럼 목회자가 다양한 위기를 만날 때마다 취해야 할 가장 기본적이고 중요한 자세는 기도이다. 하나님의 뜻을 찾고, 하나님의 도우심을 구하면서 그분의 뜻대로 하는 것이다.

네 번째 위기 – 고라 반역 사건

고라 사건(민 16:1-35 참조)은 모세의 지도력에 정면으로 대항한 엄청난 사건이다. 모세 개인적으로 볼 때 슬픔과 비참함을 안겨준 사건이 아닐까 한다.

하나님은 출애굽의 지도자로 모세를 세우시고 아론에게 제사장권을 부여하셨다. 그런데 고라(아론의 사촌동생)가 "같은 레위 지파인데 왜 아론만 제사장이냐, 그리고 왜 아들이 세습을 하느냐, 우리는 기껏 회막 부품이나 성물을 옮기는 일만 하느냐"며 반역을 꾀했다. 다단과 아비람 그리고 온(르우벤 자손) 등 250명이 그 선동에 가담하여 모세의 지도력에 반감을 가졌다. 또한 그들은 모세가 왕으로 군림한다며 비난했다.

> "네가 우리를 젖과 꿀이 흐르는 땅에서 이끌어 내어 광야에서 죽이려 함이 어찌 작은 일이기에 오히려 스스로 우리 위에 왕이 되려 하느냐"(민 16:13).

그들은 모세가 대중의 권리를 제한한다며 마치 대중을 위하는 것처럼 선동했다. 그러나 실상은 그들의 이기심, 즉 직분을 탐한 데서 나온 반역이다. 오늘의 교회도 마찬가지이다. 성도들은 다양한 은사와 직분으로 교회를 섬긴다(고전 12:4-11 참조). 모든 직분자는 자신의 직분을 감사함으로 섬겨야 한다. 그런데 직분을 탐하는 경우가 종종 있다. 장로나 권사, 집사 투표에서 떨어진 경우 반발하여 교회를 시험에 들게 하는 것이다. 때문에 목회자는 인사 문제로 위기를 맞는 경우가 허다하다.

이처럼 직분에 대한 탐욕과 지도력에 대한 반발로 모세는 다시 한 번 위기를 맞게 되었다. 이 위기의 국면에서 그가 취한 태도를 살펴보자.

> "모세가 듣고 엎드렸다가"(민 16:4).

모세는 먼저 기도했다. 그리고 그들을 불러 권고하고 책망했다.

> "모세가 또 고라에게 이르되 너희 레위 자손들아 들으라 이스라엘의 하나님이 이스라엘 회중에서 너희를 구별하여 자기에게 가까이 하게 하사 여호와의 성막에서 봉사하게 하시며 회중 앞에 서서 그들을 대신하여 섬기게 하심이 너희에게 작은 일이겠느냐 하나님이 너와 네 모든 형제 레위 자손으로 너와 함께 가까이 오게 하셨거늘 너희가 오히려 제사장의 직분을 구하느냐"(민 16:8-10).

오늘의 목회자 역시 모세처럼 잘못한 것을 가르치고 책망해야 한다. 또한 동일하게 위기 앞에 기도로 나아가야 한다.

서현교회의 첫 번째 위기 – 화재

나는 나이 서른두 살에 현재의 서현교회를 담임하게 되었다. 전임 목사님이 캐나다로 이민을 가시면서 어린 목회자에게 교회를 맡기셨다. 1980년 당시 서현교회는 장년만 600여 명 모이는 꽤 큰 교회였다. 하나님의 은혜로 교회의 좋은 전통 속에서 평안한 가운데 성장을 이루고 양적 부흥도 경험했다. 1983년에는 장년 출석 인원이 1,000명에 이르렀다.

그러던 1983년 1월, 교회에 화재가 났다. 그날은 주일이었고 당시 나는 어느 교회 헌신예배 설교를 위해 출타 중이었다. 저녁예배를 마친 후 교회에서 연락이 왔는데 화재가 났다고 했다. 급히 와보니 건물 전체가 불타고 있었다. 소식을 듣고 온 교인들은 발을 동동 구르며 울고불고 야단이었다. 불타는 예배당 건물을 보던 나는 멍해졌다. '어째서 이런 일이?'

다음 날 새벽기도회에서 참 많이 울면서 기도했다. '왜 화재가 났을까?' 물론 화재는 전기 누전이나 방화 또는 실화가 원인이 된다. 그러나 '하나님이 주관하시는데, 하나님의 뜻이 무엇인가?' 하는 데 초점을 맞추고 기도했다. '하나님, 무슨 뜻입니까?'

이 화재 사건은 엄청난 충격으로 다가왔다. 목회자로서 좌절감이 생기고 부끄러워 얼굴을 들 수 없었다. '하나님이 나에게 목사 자격이 없으니 그만두라고 말씀하시는 것인가? 이 상황에서 서현교회를 사임해야 되지 않나?' 깊이 생각하며 기도했다. 불과 서른다섯밖에 안 된 어린 목사로서 이 화재 사건은 일생일대 최고의 위기였다. 1천여 명의 장년이 모이던 주일예배가 600-700명으로 떨어지고 여러 어려운 상황이 벌어지자 나는 허우적거렸다.

건물 화재보다 더 큰 시험과 위기는 성도들 간의 책임론과 비난,

그리고 갈등이었다. 그와 더불어 화재의 원인을 규명하기 위해 수시로 드나드는 경찰들과 소방관들의 강도 높은 조사 역시 너무 괴로웠다. 안팎으로 힘든 시간이 계속되었다.

이 위기의 상황에서 나는 먼저 하나님 앞에 회개하고 교회 앞에 모든 사건의 책임이 목회자인 나 자신에게 있음을 밝혔다. 그러자 뜻밖에도 장로님들이 앞장서시고 교인들도 한마음이 되었다. 바탕이 좋은 교회는 위기 때 그 능력을 나타낸다. 권사님들은 울면서 "우리가 권사로서 기도를 제대로 못해서 이런 일이 생겼습니다." 하셨고, 장로님들은 주일 대표기도에서 "우리가 장로 노릇을 제대로 못해서 교회가 큰 시련을 겪게 되었습니다." 하셨다. 아니, 내 책임인데 왜 교회를 위해 열심히 헌신해 오신 장로님, 권사님들이 앞장서서 책임을 지시는가!

또한 경찰 수사가 목사에게 초점을 맞추고 전개되려고 할 때 한 장로님이 나서서 "우리는 장로교회이니 장로가 책임을 집니다. 우리 목사님은 건들지 마십시오." 하면서 목회자를 보호해 주셨다. 모든 서재가 불타버리자 한 장로님이 30만 원을 가지고 오셔서 급한 대로 책을 사라고 하신 일도 있었다.

모두가 하나 되어 재난을 이겨내자며 힘을 모았다. 성도들과 제직들이 오히려 낙심한 목사를 위로하고 격려했다. 다시 힘을 얻은 나는 이 위기를 극복하기 위해 교회에 비전을 제시했다. 그때 내건 슬로건은 "오늘의 재난을 내일의 영광으로"였다. 그 후 온 교회가 한마음이 되어 위기를 극복하고 더 좋은 예배당을 건축하게 되었다.

이 화재를 통해 나는 위기 극복 방법으로 먼저 목회자가 책임지는 자세를 가져야 한다는 사실을 배웠다. 흔히 위기 상황에서는 책임을 서로 전가하기 쉬운데 그럴 때일수록 책임을 안고 가는 목회자가 되어야 한다. 그리고 목회자 자신에게도 낙심과 좌절이 되지만 교회적 위기는 온 교인의 좌절임을 기억해야 한다. 목회자는 낙심이 결코 오래가면 안 되고, 위기 극복을 위해 비전을 제시하고 교인들로 하여금 한마음으로 내일을 바라보며 희망을 가지게 해야 한다.

서현교회의 두 번째 위기 – 재정 사고

서현교회의 두 번째 큰 위기는 재정 사고였다. 회계 집사가 교회 건축을 위해 적립해 둔 상당한 액수의 돈을 횡령하여 탕진해 버린 것이다. 요즘은 폰뱅킹이나 인터넷뱅킹 같은 제도가 있어 통장을 잘 사용하지 않지만 당시만 해도 무조건 통장만 믿을 수 있었다. 그런데 거래 은행에 가서 통장 내역을 확인해 보니 이미 상당한 액수가 인출되어 있었다. 잔액마저도 빼간 뒤였다.

아찔했다. '안수집사인데, 이럴 수가…….' 물론 재정은 재정부장의 소관이기에 감독의 책임이 그에게 있었지만, 속이려고 작정한 사람 앞에서 재정부장님도 어찌 할 수 없는 노릇이었다. 결국 연말에 회계를 바꾸려는데 인수인계 자리에 돈도 제대로 안 가져오고 자꾸 미루더니 이내 잠적해 버렸다. 수소문 끝에 잡고 보니 참담한 지경이었다. 온 교회가 발칵 뒤집어졌다. 책임 소재로 서로 비난이 오갔다. 결국 회계 당사자를 고발하여 구속시키자는 안이 나왔다. 내게는 엄청난 충격이었고 목회 일생일대의 위기였다. 돌파구가 보이지 않았다.

그러나 이 위기를 돌파하기 위해 기도하면서 몇 가지를 결단했다. 먼저 헛소문으로 인해 더 큰 문제가 생길 것을 미연에 방지하기 위해 사실 그대로를 전 제직 앞에 공개했다. 그리고 '이것 역시 목사의 부덕의 소치이니 회계나 재정부장의 책임으로 전가하기보다 내가 책임지자'고 결단하고 자숙하는 뜻으로 몇 주간 강단에 서지 않았다. 그리고 제직회에서 "저는 목회 못하겠습니다"라고 고백했다.

정면 돌파였다. 반응은 감사하게도 긍정적이었다. 제직들은 사실을 그대로 알게 되어 좋다고 했고 손실 금액은 당회에서 장로님들이 분배하여 손실금을 거의 보전하여 일단락되었다. 위기 상황을 해결하는 데 있어 가장 중요한 것은 목회자가 책임지는 자세임을 다시

한 번 깨달은 사건이었다.

크고 작은 갈등과 목회 위기

목회를 하다보면 특수한 경우나 특별한 사건으로 당하는 위기도 있으나 일상에서 오는 크고 작은 위기들도 있다. 그중 대표적인 것이 당회원과의 갈등에서 오는 목회 위기이다. 물론 목회자 자신에게 문제가 있어서 일어날 수도 있다. 예를 들어 설교의 문제나 행정적인 실수, 또는 사역을 추진하는 과정에서 오는 갈등과 위기가 있다. 그러나 어떤 경우에는 목회자가 특별한 잘못을 하지 않았음에도 다양한 원인으로 목회를 지속하기 어려울 정도의 위기가 찾아오기도 한다.

A교회 B목사의 경우를 예로 들어보자. B목사는 유학하여 박사학위를 취득하는 등 실력이 있고 성품도 온화하여 존경받는 목회자였다. 그런데 원인은 알 수 없지만 교회로부터 반대를 받았다. 나로서는 이해가 잘 안 되었다. '영적으로, 학문적으로, 인격적으로 잘 구비된 목회자이고 후배들로부터 존경받는 분인데…….' B목사처럼 특별한 잘못이 없음에도 목회의 어려움을 만나는 경우는 교회의 구조적 문제에서 그 원인을 찾을 수 있다.

그런데 B목사의 목회 철학은 "인"(忍), 즉 참는 것이었다. B목사의 고백에 의하면, 어느 날 교회 앞 쓰레기장에 버려진 액자 하나를 발견했는데 거기에 "無忍不勝"(무인불승)이라는 글이 쓰여 있었다고 한다. 평소에 가졌던 마음이지만 이 액자를 걸어놓고 목양실에서 무릎 꿇고 울면서 한 달을 기도했다. 결국 하나님께로부터 참지 못하면 이기지 못한다는 응답을 받았다. 그 후 B목사는 "有忍必勝"(유인필승)도 좋아하게 되었다. "참으면 이기고 못 참으면 이길 수 없다"는 것을 목회 철학으로 삼고 목양실에서 늘 이 글을 쓰고, 또 방문하는 후배들에게 나누어 주었다.

신앙생활은 마라톤이기에 인내가 필요하다. 마찬가지로 목회자는 온갖 위기를 이길 수 있는 길이 인내에 있다는 것을 기억해야 한다. 위기 돌파의 중요한 방안은 참는 것이다.

위기를 모면하기 위한 방법

목회 위기는 목회자의 의지와 전혀 관계없는 환경적 요소에 의해 일어나는 경우가 대부분이지만 때로는 목회자 스스로가 초래하기도 한다. 즉 목회자의 잘못으로 인해 목회 위기가 생길 수도 있다. 이러한 위기를 모면하기 위해서는 몇 가지 주의할 사항이 있다.

사람을 의지하지 말라

과거 어느 목회 선배님이 "목회자가 부임할 때 먼저 나와 가방 들어주는 사람을 조심하라."고 했다. 처음에는 무슨 말인지 그 뜻을 몰랐다. 알고 보니 목회자가 부임할 때 유독 반기는 사람, 그를 조심하라는 말이었다.

목회를 하다보면 유별나게 목회자와 가까워지려고 애쓰는 사람이 있다. 물론 진심으로 목회자를 사랑하는 경우도 있으나 많은 경우 자신을 돋보이게 하려고, 자신을 더 알아달라고 의도적으로 접근하는 것이다. 그런 사람은 장로들 중에도 있고, 집사나 권사 가운데도 있다. 때로 과분한 선물을 하기도 한다. 목회자가 볼 때 좋게 느껴지는 것이 사실이다. 인간적 친밀감도 생기고 신뢰할 만하다고 생각된다. 그렇게 목회자도 자연스럽게 그를 의지하게 된다. 좋을 때는 좋다. 하지만 그들은 늘 목회자가 자기편이 되어주고 자신의 요구를 들어주기를 기대한다. 다른 사람보다 자신에게 더 많은 사랑과 관심을 쏟을 것을 요구한다.

때로 목회자가 교회 내에 힘 있는 사람을 의지하고 목회하는 경우가 있다. 그러면 큰일 난다. 등거리 목회를 해야 한다. 즉 "불가근 불가원"의 법칙이다. 목회자는 어느 누구를 특별히 가까이하여 그 사람 중심으로 사역해서는 안 된다는 것이다. 너무 접근하면 조금 거리를 두고, 반대로 자꾸 멀어지려는 사람은 더 가까이 다가오도록 이끌어야 한다. 목회자는 모든 교인과 같은 거리를 유지해야 한다. 그러지 않고 특정인을 의지하고 그를 중심으로 목회하면 위기가 초래된다.

S교회 L목사의 경우, 정말 신뢰할 만한 장로가 한 분 있었다. 하루 이틀도 아니고 수십 년간 믿고 맡기는 관계였다. 당회의 안건을 장로에게 사전에 알리고 그로 하여금 모든 것을 이끌도록 하는 관계였다. 정말 그 장로를 믿고 의지하면서 목회했다. 그러던 어느 날 두 사람 사이에 어떤 사건이 일어났고 하루아침에 원수지간이 되고 말았다. 그 후 L목사는 그 장로로 말미암아 목회 말년에 엄청난 위기의 사건들을 겪게 되었다. 결국 L목사의 말이 "사람을 의지하여 목회하지 말라"였다. 진실로 그러하다.

가는 사람 잡지 말고 오는 사람 막지 말라

A교회 S목사의 사례인데, 그 교회에 정말 좋은 장로 부부가 있었다. 재력도 있고 믿음도 있고 목회자를 위하는 특심도 있었다. 부모와 자녀를 포함해서 3대가 신앙생활을 잘하며 목회자를 아끼고 위했다. S목사는 그들에게 완전히 빠져버렸다. '저 장로 가정이 너무 귀하다. 우리 교회 최고요, 없어서는 안 될 인물이다.'라고 생각하고 늘 가까이하며 믿고 의지했다.

그런데 어느 날 장로 부부가 갑자기 교회를 옮겨 다른 교회로 가겠다고 했다. 그로서는 기절할 일이었다. 목사가 결사적으로 못 가게 말리자 장로 부부는 마음을 바꾸어 교회에 남기로 했다. 그런데 얼마 후 그들 부부가 목사와 교회에 엄청난 충격을 주고 교회를 시험에 들게 하는 사건을 일으켰다. 그때 S목사는 '가려고 할 때 가게 둘 걸' 하고 후회했다. 그 후 그의 목회지론 중 하나가 "가는 사람 억지로 붙잡지 말고 오는 사람 막지 말자."가 되었다. 물의 철학으로 자연스럽게 흐르게 하자는 것이다.

분노의 말이 위기를 부른다

목회자는 말로 사역한다. 그런데 이 말이 문제이다.

> "이와 같이 혀도 작은 지체로되 큰 것을 자랑하도다 보라 얼마나 작은 불이 얼마나 많은 나무를 태우는가 혀는 곧 불이요 불의의 세계라 혀는 우리 지체 중에서 온 몸을 더럽히고 삶의 수레바퀴를 불사르나니 그 사르는 것이 지옥 불에서 나느니라 여러 종류의 짐승과 새와 벌레와 바다의 생물은 다 사람이 길들일 수 있고 길들여 왔거니와 혀는 능히 길들일 사람이 없나니 쉬지 아니하는 악이요 죽이는 독이 가득

한 것이라" (약 3:5-8).

선배 목사인 J목사는 참 훌륭한 분이요 설교도 잘하는 목회자이다. 그런데 한 가지, 순간적 분노를 못 참고 그냥 말을 내뱉어버린다. 그러고는 즉시 후회한다. 그 때문에 목회 위기를 여러 차례 만났고 분노로 인한 목회 위기로 한 교회에 오래 못 있고 전전했다.

동창생 목회자 중 한 목사는 교회 건축 중에 자신이 원하는 대로 공사가 안 되고 바뀌자 건축위원장이 뒤에 있는 줄 모르고 말을 함부로 내뱉어 목회를 사임할 수밖에 없었다. 이 외에도 말을 함부로 했다가 목회 위기를 초래하는 경우는 허다하다.

목회 위기는 목회자가 스스로 초래하는 경우도 있고 목회자의 잘잘못과 관계없이 환경적 요소나 교회의 나쁜 전통 때문에 주어지기도 한다. 목회를 하면서 피할 수 없는 이러한 위기를 지혜롭게 잘 극복하면 파도타기와 같이 더 전진할 수 있으나 위기 관리를 잘 못하면 좌초되고 만다는 사실을 명심하기 바란다.

NINE SIMPLE RULES FOR PASTORS

원리 4

탈진
쓰러지기 전에 쉬라

 목회는 쉽다?

언젠가 한 장로 친구로부터 뜬금없는 질문을 받았다. "김 목사, 목회 재미있나?" 그때 내 대답은 "목회를 뭐 재미로 하나?"였다. 이 말이 목회가 재미없다는 뜻으로 들렸는지 그는 "재미도 없는데 뭐하러 하나?" 하고 되물었다.

그래서 곰곰이 생각해 보았다. '목회는 재미있는 것인가?' 물론 목회는 사명으로 한다. 그러나 '사역이 재미있고 즐거운가?' 라는 의문이 든다. 목회를 아주 즐겁고 재미있게 하는 목회자도 있다. 그러나 많은 경우 목회자는 목회를 사명으로 하며, 그 속에서 재미를 느끼지 못하는 경우가 많다. 재미없어도, 힘들어도, 고난이 있어도 내 몫의 십자가라고 생각하고 열심히 사역하는 것이 오늘날의 목회자이다.

목사직이 얼마나 영광스러운가? 바울이 다메섹 길에서 부활의 주님을 만나 이방인의 사도가 되기 전까지 그가 가지고 누렸던 모든 것은 최고의 자랑거리였다. 혈통, 족보, 로마의 시민권, 바리새인, 율법의 흠 없는 자 등(빌 3:4-6 참조). 그러나 그는 부활의 주님을 만나고 이방인의 사도가 된 뒤 그전까지 누리고 자랑했던 모든 것은 무가치하며 자신의 가장 큰 자랑은 이방인의 사도가 된 것이라고 고백했다.

> "나를 능하게 하신 그리스도 예수 우리 주께 내가 감사함은 나를 충성되이 여겨 내게 직분을 맡기심이니 내가 전에는 비방자요 박해자요 폭행자였으나 도리어 긍휼을 입은 것은 내가 믿지 아니할 때에 알지 못하고 행하였음이라 우리 주의 은혜가 그리스도 예수 안에 있는 믿음과 사랑과 함께 넘치도록 풍성하였도다 미쁘다 모든 사람이 받을 만한 이 말이여 그리스도 예수께서 죄인을 구원하시려고 세상에 임하셨다 하였도다 죄인 중에 내가 괴수니라"(딤전 1:12-15).

목사직은 하나님이 주신 최고로 영광스러운 자리이다. 그런데 이 목사직을 수행하기란 그리 쉽지 않다. 목회자 중에서 가장 교만한 사람은 목회를 쉽게 생각하는 사람이다. 사실 목회가 힘든 이유에는 목회자 자신의 문제가 포함되기도 한다. 그러나 어떤 경우에는 교회의 전통이나 구조적 모순으로 인해 목회자가 어려움을 겪는다. 이름난 몇 교회들, 서울의 D교회, S교회, Y교회, 또 지방의 S교회, 또 다른 S교회 등을 그 예로 들 수 있다. 심지어 목회자들 사이에서 "○○교회 목사는 죽어 나온다."고 평가되는 교회도 있다.

탈진하는 목회자들

A시의 B교회는 목회가 힘들기로 유명한 교회이다. J목사가 청빙을 받아 그 교회에 부임을 했다. 하지만 몇 달 못 가서 그만 손을 들고 말았다. 설교하고 나면 국문학자인 장로가 국문법적인 오류를 지적하기 일쑤였고, 당회를 하면 구조적으로 양분된 세력이 있어 한 안건으로 몇 시간씩 끌었다. 당회는 목회 사역에 일일이 제동을 걸었고, 예배 대표기도를 하면서 공공연히 목회자를 비난했다. 설교를 해도 별 반응이 없고 여러 차례 기도하며 애를 써보았지만 전혀 목회 지도력이 먹혀들지 않자 아예 마음을 비우고 사표를 써서 늘 가지고 다녔다. 그래도 목회를 제대로 해보려고 노력했으나 갈수록 더 어려워지고 문제가 심각해졌다. 앞이 안 보였다. '이대로

목회를 계속해야 하나?' 하는 회의도 생겼다. 한계점에 다다른 것이다. 교회는 당회원들로부터 거의 모든 교인에 이르기까지 목회자 지지와 반대의 대립 양상이 노골화되었고 서로 비난하는 지경이 되고 말았다.

J목사는 이처럼 극복할 수 없는 상황을 두고 도피하고 싶었고 우울증이 왔다. 어느 날 높은 산언덕에 올라서서 아래를 내려다보니 '여기서 떨어져 죽으면 참 편안하겠다.'는 생각이 들었다. 자살충동이었다. 순간 '내가 목사인데 그럴 수는 없지!' 하는 생각으로 정신을 차리고 상황을 극복하기 위해 운동과 독서에 매달렸다. 땀이 나고 지치도록 몰입한 결과 정신적인 문제를 극복할 수 있었지만 마침내 교회를 사임했다.

또 다른 경우가 있다. 소위 일류대학을 나오고 인물도 좋은 Y목사는 젊은 나이에 큰 교회를 맡아 사역하다가 미국에 이민을 가서 목회하게 되었다. 이민 목회가 어렵다는 것은 익히 알고 있었으나 실력으로 상당 기간 잘해 왔다. 하지만 이민 목회가 갖고 있는 교회 내의 고질적인 요소들을 해결하기가 쉽지 않았다. 시간이 갈수록 문제들은 더욱 누적되었고 마침내 그는 두 손을 들고 말았다. 결국 Y목사는 교회를 그만두었고 목사직까지 버렸다. 그리고 야채가게 일을 시작했다. 이 두 경우는 목회자가 탈진한 대표적인 모습을 보여준다.

탈진이란 무엇인가?

정신분석학자 제리 에델위치(Jerry Edelwich)와 아치 브로드스키(Archie Brodsky)에 따르면, 탈진이란 "일에 중독되어 사는 사람의 자세"이다. 자신에게 주어진 일을 완수하려고 전념하는 사람들이 일로 인해 탈진 현상을 겪게 된다고 한다. 최초로 탈진(Burnout)이라는 신조어를 만든 정신분석학자 허버트 프로이덴버거(Herbert Freudenberger)는 탈진이란 "에너지의 고갈 상태이며 주변의 여러 문제로 인해 자신이 완전히 정신적으로 쇠진된 느낌"이라고 정의한다. 심리학자 크리스티나 마슬락(Christina Maslach)은 "탈진이란 정서적 고갈 상태와 자기 정체성의 상실, 저하된 업무성취 능력 등과 같은 증상을 보이는 것으로서 이는 주로 많은 사람을 상대하는 일에 종사하는 사람들에게서 쉽게 나타난다"고 말한다.

탈진을 하면 결국 자기 정체성을 상실하고, 사람들을 경멸하고, 부정적인 반응을 보이며, 심지어 '모든 인간이 다 없어지고 오직 나 홀로 남고 싶다'는 태도를 보이게 된다. 정서적으로 극도의 허탈감을 동반하는 이 같은 태도는 결국 업무성취 능력을 저하시키고 자신이 그 일에 부적합하고 무능한 사람이라는 심한 자책감을 느끼게 만든다. 그리고 그런 자책감은 다시 업무성취 능력을 저하시키고 이는 계속 반복되어 탈진이라는 악순환을 고착화시키고 마는 것이다(프랭

크 미너스, 돈 호킨스, 『탈진된 마음의 치유』, 12-13 참조)

죽기를 원한 모세와 엘리야

구약에 나오는 최고의 인물은 모세와 엘리야이다. 율법과 선지자의 대표로 지칭되는 모세와 엘리야는 이스라엘 백성이 가장 존경하는 인물이다(마 17:3 참조, 변화산에 나타난 두 사람). 그들은 하나님으로부터 소명을 받고 그 누구도 소유하지 못한 놀라운 능력을 가지고 사역했던 사람들이다.

모세를 보자. 이스라엘 백성을 이끌어 애굽을 탈출하고 광야생활 40년동안 가나안을 향해 간 모세와 그 누구를 비교할 수 있겠는가? 그러나 이런 모세도 탈진을 경험했다. 여러 차례 위기를 만났으나 결정적으로 탈진한 모습을 보여준 사건이 있다.

> "백성의 온 종족들이 각기 자기 장막 문에서 우는 것을 모세가 들으니라 이러므로 여호와의 진노가 심히 크고 모세도 기뻐하지 아니하여 모세가 여호와께 여짜오되 어찌하여 주께서 종을 괴롭게 하시나이까 어찌하여 내게 주의 목전에서 은혜를 입게 아니하시고 이 모든 백성을 내게 맡기사 내가

그 짐을 지게 하시나이까 이 모든 백성을 내가 배었나이까 내가 그들을 낳았나이까 어찌 주께서 내게 양육하는 아버지가 젖 먹는 아이를 품듯 그들을 품에 품고 주께서 그들의 열조에게 맹세하신 땅으로 가라 하시나이까 이 모든 백성에게 줄 고기를 내가 어디서 얻으리이까 그들이 나를 향하여 울며 이르되 우리에게 고기를 주어 먹게 하라 하온즉 책임이 심히 중하여 나 혼자는 이 모든 백성을 감당할 수 없나이다 주께서 내게 이같이 행하실진대 구하옵나니 내게 은혜를 베푸사 즉시 나를 죽여 내가 고난 당함을 내가 보지 않게 하옵소서"(민 11:10-15).

이스라엘 백성은 광야를 지날 때 애굽에서 가져온 양식이 다 떨어진 뒤 하늘에서 떨어진 기적의 만나를 먹는 사건을 경험했다. 이것만 해도 얼마나 큰 은혜인가? 그러나 그들은 고기까지 요구했다(민 11:4 참조). 모세는 기가 막혔다. '만나만 해도 감사한데 고기까지? 무슨 수로?' 백성들의 원망과 아우성에 모세는 어쩔 줄 몰랐다. 그는 지쳤다. 감당할 수 없는 요구에 두 손을 들었다. 그의 고백에서 탈진 현상이 극도에 달했음을 느낄 수 있다.

"주께서 종을 괴롭게 하시나이까"(11절).

"이 모든 백성을 내가 배었나이까 내가 그들을 낳았나이까" (12절).

"책임이 심히 중하여 나 혼자는 이 모든 백성을 감당할 수 없나이다"(14절).

"즉시 나를 죽여 내가 고난당함을 내가 보지 않게 하옵소서"(15절).

죽고 싶다는 것이다. 어떻게 위대한 모세의 입에서 이런 고백이 나올 수 있는가? 탈진한 것이다. 모세가 아무리 위대해도 그는 인간이다. 모든 인간은 영적·육적인 한계성을 가지고 있다.

또 한 사람 엘리야를 보자.

"이세벨이 사신을 엘리야에게 보내어 이르되 내가 내일 이 맘때에는 반드시 네 생명을 저 사람들 중 한 사람의 생명과 같게 하리라 그렇게 하지 아니하면 신들이 내게 벌 위에 벌을 내림이 마땅하니라 한지라 그가 이 형편을 보고 일어나 자기의 생명을 위해 도망하여 유다에 속한 브엘세바에 이르러 자기의 사환을 그 곳에 머물게 하고 자기 자신은 광야로 들어가 하룻길쯤 가서 한 로뎀 나무 아래에 앉아서 자기가 죽기를 원하여 이르되 여호와여 넉넉하오니 지금 내 생명을 거두시옵소서 나는 내 조상들보다 낫지 못하니이다 하고"
(왕상 19:2-4).

여기서 엘리야의 극도로 탈진한 모습을 볼 수 있다. 그는 이세벨이 두려워 생명을 위해 도망하고 광야로 들어가 로뎀나무 아래에서 죽기를 원했다.

"지금 내 생명을 거두시옵소서"(4절).

죽고 싶다는 것이다. 엘리야의 초라한 모습, 탈진한 모습이다. 어떤 엘리야인데, 이럴 수가 있나! 바로 앞 장인 열왕기상 18장에서 엘리야는 너무나 위대한 모습을 보여주었다. 기도의 사람 엘리야는 기도로 죽은 아이를 살렸다. 이 사건으로 그는 진정 하나님의 사람이라는 인정을 받았다(왕상 17장 참조). 그 후 기도로 비를 내리게 했고, 기도로 갈멜산 제단에서 하늘로부터 불의 응답을 받았다. 당시 아합과 이세벨의 통치로 바알 숭배가 극에 달했을 때 기도로 하나님만이 참 신이심을 보여주고 바알과 아세라 선지자 850명을 쳐 죽일 정도로 위대한 사역자, 능력 있는 사역자, 용감한 선지자였다. 그런데 이세벨의 협박에 더 이상 버티지 못하고 탈진한 모습으로 죽기를 원했다. 아무리 큰 선지자여도 엘리야 역시 인간이다. 모든 인간은 탈진할 수 있다는 것을 보여준다. 오늘날의 목회자는 어떠한가? 아무리 큰 능력이 있다 해도 탈진할 가능성이 있다.

그렇다면 목회 현장에서 목회자가 탈진하게 되는 원인들은 무엇인가?

갈등과 긴장의 연속

크리스티나 마슬락의 말대로 탈진은 주로 많은 사람을 상대하는 일에 종사하는 사람에게서 쉽게 나타나는데, 그 대표적인 사람이 목회자이다. 인간관계에는 갈등이 생기게 마련이고, 그 갈등은 심한 스트레스를 가져온다. 스트레스에 적절하게 대처하지 못하고 계속 누적시키면 결국 탈진하게 된다.

목회자는 늘 긴장 속에 살아간다. 목회자는 몇 시에 출근하는가? 9시? 아니다. 새벽기도회를 위해 새벽 4시에 출근한다. 퇴근은? 오후 7시? 그 후에도 긴장의 연속이다. 밤늦게 전화가 오면 깜짝 놀란다. '교인 중에 위급한 상황이 발생했구나. 초상이 났나보다' 하고 생각한다.

또한 교인들과의 갈등은 종종 회피로 나타난다. 선배 목사인 P목사는 D시의 C교회를 담임하고 있었다. 그러나 불행하게도 그 교회의 J장로는 사사건건 목회자를 간섭하고 발목을 잡았다. 성격이 급하다 못해 불같았다. 한번은 교단 총회에 참석하고 온 J장로가 어느 교회 목사가 P목사를 부흥회에 초청하자 장로인 자신이 허락해 버리고 와서는 P목사에게 그 교회 부흥회에 가라고 지시하다시피 했다.

그런데 P목사는 건강상의 이유로 약속된 부흥회에 참석하지 못하고 그날 본 교회 새벽기도회에 참석했다. J장로는 전후사정을 알아보지도 않고 P목사에게 벌컥 화를 내면서 "그래, 내가 부흥회 가라고 해서 안 간 거요?" 하고 호통을 쳤다. P목사는 정말 그를 상대하기가 싫었다. J장로는 목회자 사모도 너무 힘들게 했다. 어느 날 P목사와 사모가 심방 중에 길에서 먼발치의 J장로를 보았다. 순간 사모가 놀라더니 "에구머니, J장로다!" 하고 남편 뒤에 숨었다. 이것을 보는 목회자의 마음이 어떠했겠는가? 이와 같은 스트레스가 계속 쌓이고 쌓이면 결국 목회자는 탈진하고 마는 것이다.

설교 스트레스

오늘날 통계에 의하면 한국 교회의 목회자가 가장 많이 설교한다고 한다. 주일낮예배 설교, 저녁예배 설교, 수요예배 설교, 금요기도

르쳐달라고 했다. L목사님은 한 교회에서 40년을 목회한 분이시요 설교의 대가이시다. 나 스스로가 찾은 해법 중 하나는 본문 연속 강해설교였다. 창세기부터 차례로 설교하니 무엇을 설교할지 고민할 필요 없이 어떻게 설교할 것인가만 생각하면 되었다.

설교가 주는 스트레스와 그로 인한 탈진은 어느 목회자에게나 있다. 게다가 설교에 대한 교인들의 부정적 시각이나 심지어 사모의 비판은 목회자를 못 견디게 한다. 목회자에게는 칭찬과 격려가 필요하다.

육체적, 정신적 과로

한국 교회 교인은 너무 담임목사를 의존한다. 물론 장점도 있겠지만, 모든 것을 담임목사가 하기를 기대한다. 미국 교회의 경우 목회자들의 업무 분담이 잘되어 각기 주어진 업무를 하고 교인들은 그에 만족한다. 그러나 한국의 웬만한 교회는 모든 설교와 심방을 담임목사가 해야 한다고 생각하고, 해주기를 기대한다.

나의 목회 초년병 시절 경험이다. 당시 대구 서문교회의 부목사였는데 그해 전국 주일학교 성경고사 대회가 광주에서 열렸다. 교회 주일학교 학생들이 노회의 대표로 가게 되었고 지도교사와 학부형회 설교, 새벽기도회 설교 그리고 심방 설교 등 그야말로 대단한 능력이고 엄청난 중노동이다.

거의 모든 목회자는 목회 사역의 최우선순위에 설교를 둔다. 그래서 좋은 설교를 위해 거의 생명을 건다. 정말 은혜로운 설교로 인해 성도들이 은혜받고 삶이 변하고 신앙이 성장할 때 기쁨과 보람을 느낀다. 그래서 주일을 앞둔 토요일은 영적, 육체적 상태를 최고 수준으로 끌어올려 주로 예배와 설교를 준비한다. 이 과정 자체도 스트레스지만, 이런 노력에도 불구하고 만족스럽지 못한 설교가 될 때 목회자는 한없이 부끄럽고 낙심한다. 특히 요즘은 평신도들로부터 설교를 평가받는 시대요, TV, 라디오, 인터넷 등을 통해 소위 내로라하는 목회자들의 설교가 전달되기에 그런 명설교들 앞에서 목회자는 주눅이 들고 한없이 작아지는 느낌을 받는다.

또한 설교 자료의 바닥도 스트레스의 원인이 된다. 목회자들은 한 교회에서 3년 정도 목회하면 자료가 바닥이 난다고 한다. 그러니 한 교회를 장기적으로 목회하는 목회자를 존경할 수밖에 없다. 주일이 지나면 바로 '다음 주에는 무엇을 설교할까?' 하는 고민이 보통 목회자들에게 있다.

나 역시 한 교회에서 3년을 목회하니 거의 모든 주제를 다루었고 특별한 본문 역시 다 다루게 되었다. 설교 자료가 바닥이 났다는 생각이 들었다. 그래서 평소 존경하는 L목사님을 찾아가 그 해법을 가

되는 권사 또는 집사들이 동행했다. 담임목사님이 그곳에 가서 지도교사와 학생들을 격려하고 오라고 지시하셔서 먼 거리를 오랜 시간에 걸쳐 도착하여 숙소에 가서 지도교사를 만나고 격려했다. 그때 한 교사가 학부형들에게 "목사님이 오셨어요!" 하고 말하자 한 여집사가 문을 열고 두리번거렸다. 그분이 나를 보더니 하시는 말씀이 "목사님이 어디 오셨어요?"였다. 즉 '목사가 안 왔다. 담임목사가 안 왔다. 부목사는 목사도 아니다' 라는 뜻이었다. 부끄럽기도 하고 먼 거리를 마다않고 간 고생에 화도 났다. 그때 깨달은 생각은 '부목사는 목사도 아니다.' 였다.

심지어 부목사가 심방한 경우 심방을 안 왔다고 하는 경우도 있었다. 그러한 교인들의 모든 기대를 충족시키자니 담임목사는 설교, 심방, 그 외의 과중한 업무들, 그로 인한 피로가 계속해서 누적되는 것이다. 이런 현상이 계속되면 과로와 육체적 탈진을 피할 길이 없다.

또 교인들의 가십성 이야기들이 목회자를 상당히 신경 쓰이게 하고 피곤하게 한다. 그냥 교인들끼리 나누는 심각하지 않은 이야기일지라도 마치 아이들이 장난삼아 던진 돌에 우물 안 개구리가 맞아죽듯이, 권투시합에서 작은 잽일지라도 계속 맞으면 마침내 KO가 되듯이 그런 이야기들은 목회자에게 큰 부담으로 다가온다. 이민 목회를 하는 친구 J목사는 이런 일을 겪고 단도직입적으로 물어보았다고 한다. "집사님들, 도대체 왜 모이면 목사와 사모 얘기를 그렇게 하십니까?" 그들의 대답이 "우리의 공통 화제는 목사님과 사모님이에요!" 하더란다. 참 피곤한 교인들이여.

쉽지 않은 목회 환경

목회자가 겪는 난제들은 많다. 경제적 어려움뿐 아니라 능력의 한계 역시 큰 문제이다. 그러나 가장 큰 어려움은 목회자가 자신의 목회 철학을 가지고 소신껏 목회하지 못하는 데서 오는 좌절감과 그로 인한 탈진 현상이다.

장로교의 정치 원리는 당회 중심이다. 그러니 당회에서 모든 의사 결정이 이루어진다. 목회자는 당회원과의 관계가 원만해야 하고 당회 관리를 잘해야 한다. 그런데 많은 경우 이것이 어려워 목회자와 당회원 간에 갈등과 충돌이 일어나고, 이로 인해 좌절감과 탈진 현상이 일어난다.

S교회 K목사의 경우 운동을 좋아해서 탁구와 축구를 열심히 했다. 매주 월요일은 동료 목회자들과 축구를 했다. 친구 목사의 말에 의하면 K목사가 축구에 빠지는 월요일이 있다고 한다. 그때 사택에 가보면 이불을 뒤집어쓰고 끙끙 앓고 있는데 이유인즉 바로 전날인

주일 밤에 당회를 했다고 한다. 당회에서 너무 힘들고 시달려서 월요일 축구 모임에 못 나온 것이다.

목회자 사이의 농담 가운데 "나는 당회만 빼고 모든 회를 좋아합니다."라는 말이 있다. "당회가 목사를 잡는다."는 말도 있다. 사실 설교보다 힘든 것이 당회라고 한다. 목회자의 목회 계획이나 사건 처리 제안에 당회원들이 기도하면서, 기쁨으로, 합심으로 협력하면 얼마나 바람직하겠는가? 그것이 안 되니 힘들고 결국 목회자가 당회 때문에 탈진하게 되는 것이다. 그런 면에서 나는 좋은 당회의 협력 속에 사역하고 있으니 행복한 목사이다.

교회는 회의의 횟수를 줄이고 회의 시간을 짧게 해야 한다. 회의 시간을 짧게 하기 위해서 목회자는 기도하면서 충분히 준비해야 하고 동시에 당회의 신뢰를 받아야 한다. 그래서 "우리 목사님이 하시는 대로 하면 틀림이 없으니 믿고 따르자!"는 신뢰가 있어야 한다.

탈진의 증상들

탈진하면 여러 증상이 나타난다. 심리학자나 정신의학자들이 일반적으로 지적하는 몇 가지 증상을 보자.

1. 신체적 증상

탈진은 허리 통증이나 목 통증, 두통, 편두통, 식욕감퇴(혹은 식욕과다), 위궤양, 고혈압, 만성 감기, 소화불량, 알레르기 등의 징후를 동반할 수 있으며, 탈진이 심한 경우 심장 질환까지도 나타날 수 있다. 종종 탈진한 사람은 만성피로와 불면증을 경험하기도 한다.

2. 심리적 증상

탈진은 개인의 성취 의욕을 감소시키고 자존감을 상실하게 만든다. 탈진한 사람은 자신의 존재나 인격에 대해, 그리고 자신이 해왔거나 해야 하는 일들에 대해 부정적인 생각을 품기 시작한다. 자존감의 상실은 우울증의 가장 핵심적인 징후라 할 것이다. 분노와 조소, 회의주의, 참고 기다리지 못하는 성급한 태도 등의 징후도 나타날 수 있다. 많은 경우 그는 자신을 다른 사람들로부터 격리시키려고 한다.

3. 영적인 증상

어떤 사람은 탈진과 함께 영적인 고갈을 경험한다. 그는 하나님이 무능하시다고 생각하기 시작한다. 의식적으로나 무의식적으로 하나님의 능력에 의지하기를 거부하고 스스로가 하나님의 역할을 대신하려고 한다. 그는 개인적으로 기도하고 성경을 읽고 묵상하는 시간을 줄인다. 그러나 시간이 갈수록 자신의 힘이나 능력 역시 충분치 못하다는 사실을 깨닫는다. 그는 급기야 하나님은 물론이고 다른 사람들까지도 자신을 포기했다고 믿고 스스로에게 환멸을 느낀 채 자포자기하게 된다.

탈진, 어떻게 극복할 것인가?

1. 무조건 쉬라

탈진은 영육 간에 소진된 현상이다. 목회자는 대부분 일중독이다. 사역에 지나치게 높은 수준을 정해 놓고 목표 달성을 위해 동분서주한다. 그리고 그 결과에 못 미치면 낙심한다. 그러니 너무 높은 목표(특히 숫자적인 목표)를 정하지 말고 최선을 다하되 최고가 되려고 하지 말아야 한다. 일중독을 피하라. 쉼이 필요하다. 기름통이 완전히 바닥났다. 그래서 안식년 또는 안식월이 필요한 것이다. 성경에도 안식년, 안식일이 있지 않은가? 하나님도 창조 후에 쉬셨고, 예수님 역시 사역 중에 제자들에게 잠시 쉴 것을 말씀하셨다.

목회자들은 너무 바쁘다. 하지만 안타깝게도 별로 가치가 없는 일들, 즉 회의나 교회 외적인 일들이 많다. 바쁘지 않은 목회가 되도록 해야 한다. 바쁜 목회자는 나쁜 목회자이다. 힘들면 언제든지 쉬라.

쉬는 것도 주의 일이다. 목회자는 쉬면 불안해한다. 마치 하나님과 교회 앞에 불충성하는 것 같은 마음이 들어서 못 쉰다. 하지만 안 쉬면 영육을 혹사시키는 죄를 짓는 것과 다름없다. 쉼을 통해 회복하고 재충전해야 한다.

2. 영적 수준을 높여라

목회자의 탈진 치료는 일반인들의 탈진 치료와 다른 면이 있다. 그들은 육체적 쉼과 정신적 편안함으로 회복이 가능하나 목회자는 영적으로 새로워져야 한다. 탈진 현상이 죄로 인한 자신의 문제에서 기인한 것이라면 고백하고, 회개하고, 진실되게 하나님 앞에 서야 한다. 소명을 다시 점검하고 신앙의 수준을 높이고 모세가 하나님의 지팡이를 잡듯이 하나님의 능력을 새롭게 받아야 한다. 그것은 목회자가 기본으로 돌아가 말씀을 붙들고 기도의 힘을 의지할 때만 가능한 것이다.

3. 협력 목회를 추구하라

교인들의 요구도 있지만 때로 담임목사의 욕심이 지나친 경우도 있다. 그래서 모든 것을 자기 뜻대로 하려는 경향이 있다. 그러나 협력 목회를 해야 한다.

"여호와께서 모세에게 이르시되 이스라엘 노인 중에 네가 알기로 백성의 장로와 지도자가 될 만한 자 칠십 명을 모아 내게 데리고 와 회막에 이르러 거기서 너와 함께 서게 하라 내가 강림하여 거기서 너와 말하고 네게 임한 영을 그들에게도 임하게 하리니 그들이 너와 함께 백성의 짐을 담당하고 너 혼자 담당하지 아니하리라"(민 11:16-17).

모세가 자신에게 지워진 짐이 너무 많아 무거워 감당 못할 때 하나님은 함께 일할 사람 70명을 세우시고 "너 혼자 담당하지 아니하리라"고 말씀하시며 처방을 내려주셨다. 목회자는 혼자가 아니라 동역자가 절대적으로 필요하다. 먼저는 부교역자들이며 그리고 당회원들이다. 당회원들을 대립구도로 생각하지 말고 좋은 목회 동역자로 삼고 협력하게 해야 한다. 이를 위해 먼저 목회자는 자신을 절대화시키지 말아야 한다.

4. 운동과 대화로 스트레스를 풀라

의사들은 스트레스와 탈진의 해결책으로 운동을 적극 권한다. 좋은 방법이다. 목회자 자신에게 맞는(신체적, 시간적, 경제적) 운동을 택하여 1주에 3일 이상, 한 번에 30분 이상 땀을 흘리는 것이 좋다. 어떤 목회자는 평생 탁구, 또는 테니스에 몰입하며 건강을 지킨다. 아니면 걷는 것 자체도 좋은 운동일 수 있다. 가정에서 아내와 대화를 나누는 것도 좋은 방법이다.

일본 최고경영자협회는 탈진 예방이나 해결을 위해 긍정적 사고와 운동 그리고 아내와의 대화와 건전한 성생활을 제시했다. 마음을 터놓을 수 있는 친구 몇 명으로부터 기도와 격려를 받음으로 해결되기도 한다. 이런 친구들 5명만 있다면 탈진이 예방되고 치료도 될 수 있다. 수많은 갈등 상황과 스트레스에 노출되어 살아가는 목회자들은 탈진하지 않도록 스스로를 잘 돌보아야 한다. 쓰러지기 전에 쉼이 필요하다.

원리5

자기관리

최고의식, 여자, 돈을 경계하라

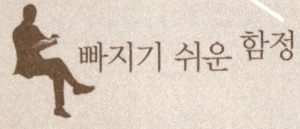

빠지기 쉬운 함정

목회자 가운데 큰소리치는 이들이 좀 있다. 자신을 내세우면서 "목회는 쉽다! 나는 마음대로 한다."면서 은근히 자신의 우월감을 나타낸다. 내가 가장 어처구니없게 생각하는 사람이 바로 목회가 쉽다고 말하는 사람들이다. 목회자는 사역의 능력이 있어야 하는 것이 당연하다. 그러나 그보다 우선되어야 할 것은 자기관리이다. 때로 사역에 대성공한 목회자가 자기관리를 잘 못하여 추락하는 경우를 보게 된다. 목회자는 꾸준히 자기관리를 하며 늘 긴장하고 살아가야 한다. 자기관리를 잘 못하면 함정에 빠져 망하게 된다.

한 선배 목회자는 "목회라는 하늘에는 어느 순간 천둥 벼락이 칠지 모른다. 그러기에 늘 깨어 조심해야 한다."고 했다. 매사에 내일

일은 모르지만 특히 목회 사역에 있어서 내일은 정말 모른다. 평안하고 잘되던 목회가 하루아침에 큰 시험에 봉착하는 경우가 허다하다. 영적으로 보면 목회는 영적 전투이며 목회자는 최일선에 노출되어 있다. 그러기에 교인들은 목회자를 위해 더 기도해야 한다. 목회자를 망치는 여러 함정이 도처에 있다. 함정에 빠지지 않도록 목회자는 자기관리를 잘해야 한다.

　목회자의 자기관리는 굉장히 폭이 넓다. 개인의 영성관리를 비롯하여 가정관리, 대인관계관리 그리고 건강관리, 시간관리 등이 있다. 여기서는 그중 세 가지만 중점적으로 다루려고 한다. 예로부터 목회자는 세 가지를 조심하라고 했다. 최고의식, 여자, 돈이 그것이다. 이것은 내가 목사 안수를 받을 때 선배 목사님이 권면해 주신 내용이다. 지금도 이것은 목회자의 자기관리 부분 중 가장 조심하고 긴장해야 될 부분이다.

1. 첫 번째 함정 – 최고의식

　A교회 B목사는 자신의 목회에 있어서 기도를 강조하면서 "우리 교회를 새벽기도 제일 많이 모이는 교회로"라는 슬로건을 내걸고 교인들을 독려하고 목회자 모임에서도 자주 언급한다. 하긴 기도 많이 하고 새벽기도회에 많이 모이게 하는 게 얼마나 좋은가! 하지만 그 말을 듣고 나는 속으로 되지도 못할 말을 한다고 생각했다.

이미 한국 교회 내에 타의 추종을 불허하는 새벽기도회가 여럿 있지 않은가! 물론 그런 목표를 가지는 것은 좋다. 문제는 최고 의식이다.

그냥 "기도 많이 하는 교회", "새벽기도 강조하는 교회"면 되지 굳이 "한국에서 제일"이라는 말을 붙일 필요가 있을까? 이 목사뿐 아니라 흔히 "○○에서 최고"라는 슬로건을 내걸고, 또 성취했다고 자랑하는 목회자들이 적지 않다. 많은 목회자들이 최고의식에 물들어 있다. 최고 교회, 최대 교회, 큰 것, 많은 것, 양적인 것에 매여 소위 성공병에 걸려 있다. 이것은 목회자의 고질병인 교만이다.

마태복음 25장의 달란트 비유에서 다섯 달란트와 두 달란트 받은 하인이 와서 결산할 때 주인의 평가는 "잘하였다 착하고 성공한 종아"가 아니었다. "잘하였다 착하고 충성된 종아"였다. 세상적인 성공 지향이 목회자를 병들게 하고 더 큰 시험에 빠뜨리는 요인이 되고 있다.

목회자마다 차이는 있으나 대부분의 목회자는 완벽을 추구한다. 또 교인들이 완벽하기를 원하고 그렇지 못할 때 실망하기도 한다. 그러나 목회자는 결코 완벽한 존재가 아니다. 그럼에도 불구하고 목회자는 자기 착각에 빠질 때가 많다. 교인들의 립서비스에 도취된다. "목사님 설교 말씀이 최고입니다.", "우리 교회 최고입니다.", "목사님 ○○ 일을 너무 잘하십니다.", "목사님 안 계시면 이 교회 안 됩니다." 등 대부분은 그냥 하는 립서비스인데 이것이 진짜인 줄 알고 도취된다.

최고의식과 완벽함을 버려라 | 친구 중에 거의 완벽에 가까운 목회자가 있다. 설교나 특히 교회 행정에 빈틈이 없다. 그래서 목회를 잘해 왔다. 목회자의 완벽함에 당회나 제직회, 모든 교인이 꼼짝을 못했다.

그러던 어느 날 친구 목사가 오후예배를 인도한 후 축도를 잊은 채 강단에서 내려와 교인들에게 인사를 하려고 뒷문으로 향했다. 순간 교인들은 어리둥절 당황했고 "목사님 축도 안 하셨는데요." 하며 마구 웃었다. 그 순간 '아차!' 하는 생각이 든 그는 다시 강단에 올라가 축도로 예배를 마쳤다고 한다. 그런데 그 실수가 반응이 너무 좋았다. 너무 완벽한 목사가 실수하는 것을 보니 오히려 친근하게 느껴진 것이었다. '아! 우리 목사님도 실수를 하시는구나.' 이상하게도 완벽한 목회자보다 조금 모자라는 듯한, 1% 정도 부족한 목회자에게 성도들은 더 인간미를 느끼고 목회가 더 잘되는 것 같다. 이것은 일반 기업에서도 마찬가지라고 한다. 여기에 정동일 교수(미국 샌디에이고 주립대)의 글을 인용해 본다.

1% 부족한 리더가 성공한다

사례1 연초에 새로 부임한 김 상무는 누가 봐도 완벽한 리더임을 한눈에 알 수 있다. 탁월한 지적 역량, 사람을 매혹시키는 카리스마, 현란한 화술, 미래의 변화를 감지하는 역량까지. 김 상무가 새로 맡은 통신 사업 부분의 올해 성과가 기록적일 것이라는 예측이 벌써부터 뜨겁다. 하지만 연말 실적은 기대 이하였고 통신 사업 부분에 속한 직원들은 다른 부서로 가기 위해 신청서를 작성하기 바쁘다. 리더로서 모든 것을 갖춘 김 상무가 이런 실패를 거듭하는 이유가 무엇일까?

사례2 이 부장을 처음 보는 사람들은 모두 의아해한다. 이 부장이 지난 수년 동안 맡은 부서마다 실적이 올라가고 직원들이 모두 의욕이 고취돼 부서의 목표를 200% 달성하기 위해 최선의 노력을 다하게 된다. 부서의 리더로서 직원들로부터 전폭적인 신뢰와 사랑을 받는 것은 물론이다. 물론 이 부장은 업무를 수행하기 위해 필요한 능력도 갖추었고 학벌과 네트워크도 빠지지 않는다. 하지만 그렇다고 해서 이 부장이 김 상무처럼 누가 보기에도 첫눈에 완벽한 리더는 아니다. 그렇다면 직원들이 이 부장과 일을 하게 되면 모두 변화하는 비결이 무엇일까?

이 모든 노력에는 한 가지 중요한 가정이 내재되어 있다. 다름 아닌 '나는 누가 보기에도 완벽한 리더가 되어야 한다.'는 강박 관념이다. 위의 사례에서 언급한 김 상무처럼, 물론 성공한 리더가 되기 위해서는 리더로서 반드시 갖추어야 할 기본 역량이 필요하다. 카리스마, 비전, 에너지, 지적 역량, 커뮤니케이션 스킬, 전략적 판단 능력 등이 그것이다.

하지만 카리스마로 무장한 완벽한 리더가 조직을 이끌던 시대는 끝났다. 이제는 구성원들의 참여를 자발적으로 이끌어내고 이들이 역량을 최대한 발휘하도록 몰입할 수 있게 해주는 리더가 더 필요한 시대가 되었다.

그렇다면 어떻게 리더로서 구성원의 신뢰와 사랑을 이끌어내고 그들의 참여와 몰입을 높일 수 있을까? 아이러니하게도 자신의 약점을 그들에게 선별적이고 솔직하게 공유하고 도움을 요청하는 리더가 완벽한 리더보다 더 성공적인 경우가 많다.

왜 그럴까? 모든 것이 완벽해 보이는 리더는 하급자로 하여금 심리적 거리감을 느끼게 한다. 완벽한 리더는 그들이 모든 것을 스스로 할 수 있다는 인상을 주기 때문에 하급자로서 리더를 도와야 한다는 생각을 할 수 없게 만든다. 하지만 상상해 보라. 모든 것이 완벽한 줄만 알았던 김 상무가 팀원에게 마케팅 제안서를 보여주며 "내 전문 분야는 재무 쪽이라 마케팅에

> 는 문외한인데"라며 도움을 요청하는 장면을.
> 　부하 직원의 반응은 어떨 것인가? '그래, 니가 잘났으면 얼마나 잘났어. 그러면 그렇지!' 하고 김 상무를 폄하할 하급자는 아마 많지 않을 것이다. 그보다는 '아, 김 상무님께 이런 면이 있었네. 드디어 내가 도와줄 것이 생겼구나!' 하는 반응을 보일 하급자가 대부분일 것이다. 자신의 결점 내지는 약점을 공유함으로써 '완벽해 보이는 김 상무님도 나와 같은 사람이구나' 혹은 '이 사람은 내가 도와주어야겠다'는 동질감과 동기 부여, 그리고 그들의 몰입을 이끌어낼 수 있다. 이 부장의 경우 리더로서 자신의 1% 부족함을 솔직하게 직원들과 이야기하며 공감대를 형성한 것이 김 상무와 다른 리더십 역량이었던 것이다.

　최고의식은 스스로 목회자의 발목을 잡는 것이 되고 그것을 달성하기 위한 스트레스도 보통이 아니다. 또 달성했을 때 자만심이라는 함정에 빠질 위험이 있다. 약간 부족하며 최고 아닌 최선에 만족하는 목회가 되어야 한다.

2. 두 번째 함정 - 여자

　어느 후배 목회자가 여자 문제로 목회 인생을 망쳤다. 그는 실력도 있고 신앙도 좋고 기도도 많이 하고 설교도 잘하는 유능한 목회자였다. 또 정이 아주 많아 교인들을 사랑하고 긍휼히 여기고 잘 어루만져주는 목회자였다. 그런데 이게 문제가 됐다.

어느 날 한 교인이 상담을 요청해 왔다. 내용인즉 남편의 무관심과 횡포로 인해 많은 상처를 받았다는 것이다. 그리고 눈물로 자기의 사정을 목사에게 토로했다. 정이 많은 이 목사는 성도의 말에 공감하며 위로하고 말로써 그 마음을 어루만져주었고 그 여성도는 목회자를 통해 큰 위로를 얻고 포근함을 느꼈다. 집에 가면 남편의 횡포가 있지만 목사에게는 포근함이 있어 수차례 상담을 요청했다. 그렇게 지속되다 보니 여성도가 목사에게 정을 느끼게 되었다. 목사 역시 참으로 위로하고 동정하다 보니 마음이 끌렸고 그녀의 아픔을 육체적으로 품어주게 되었다. 실수를 하고 정신이 들었을 때는 이미 늦었다. 여성도는 인간적인 관계를 계속 요구했고 이것을 거부하자 교회에 알리겠다고 협박을 했다.

물론 목회자 자신이 잘못된 생각에 빠져 여성도를 미혹하는 경우도 있겠지만 대부분은 목회자가 미혹당하는 편이 더 많다. 어느 누가 이 문제에 자신이 있다고 큰소리치겠는가? 경계에 경계를 더할 뿐이다.

이처럼 목회자가 빠지기 쉬운 함정 중 하나는 여자 문제이다. 이 이야기는 목사 안수를 받을 때 권면의 말씀으로 많이 하고 나 역시 들었다. 당시에는 그리 마음에 와 닿지 않았지만 오늘날 주변에서 일어나는 많은 사건들을 접하면서 '정말 조심해야겠구나.' 하는 생각을 하게 된다. 모든 목회자는 많은 여성도들에게 노출되어 있는 만큼 늘 깨어 있어야 함을 절실하게 느낀다.

단 둘의 만남은 반드시 피하라 | 목회를 하다보면 교인들의 상담 요청을 받을 때가 종종 있다. 목회자는 늘 좋은 상담자가 되어야 한다. 그러나 이성일 경우 일대일의 만남을 피해야 한다. 그 만남이 교회 내에서 이루어지든 밖에서 이루어지든 나는 반드시 아내나 부교역자, 혹은 여전도사를 동석시키는 것을 원칙으로 한다. 물론 그럴 경우 상담자가 싫어해 담임목사에게만 이야기하고 싶다며 어떤 경우에는 속내를 털어놓지 않아 결국 상담이 안 되는 경우도 있다. 그럴지라도 단 둘이 있는 것을 피해야 한다(창세기 37장 요셉의 경우를 생각해 보라).

언젠가 40대 여집사님 한 분이 부부 문제로 상담을 요청했다. 이혼을 생각하고 있는 심각한 상황이었다. 내가 세례를 주었고 고등학생 때부터 알았고 결혼 주례까지 했던 집사님이었다. 그때 나는 상담 자리에 여전도사와 함께 나갔다. 그러자 여집사님은 제대로 이야기도 하지 않고 그냥 가버렸다. 나중에 여집사님의 어머니 되시는 권사님이 원망조로 "목사님, 왜 혼자 안 만나시고 여전도사님이 같이 만나셨어요?" 하고 물으시기에 나는 단호하게 말했다. "저는 여집사와 단 둘이는 안 만납니다." 그러자 권사님은 자신의 딸을 아주 어리게 보고 "아니 걔가 무슨 여자라고! 목사님이 양육하고 결혼 주례도 하셨는데 뭘 그렇게 생각하세요?"라고 말씀하셨다. "권사님, 아닙니다." 나의 대답이었다.

또한 말로만 위로해야지 손을 잡거나 가벼울지라도 몸에 손을 대는 것은 절대적으로 피해야 한다. 어느 목회자의 경우 목사가 늘 교회에서 지내는 것을 안 여성도가 고의적으로 접근하여 결국 목사가 실수하게 되었고 그로 인하여 가정이 파탄 나고 목회 생명이 끝났다. 모든 부부가 그러해야겠지만 특히 목회자 부부는 기도하기 위해 잠시 분방하는 일 외에는 결코 분방해서는 안 되고 친밀해야 하며 그 친밀함과 틈이 없음을 교인들에게 보여주어야 한다. 거의 비슷한 경우이지만 정말 존경받는 한 목회자가 혼자된 성도를 위로한다고, 또 일대일 성경공부를 한다고 단독으로 계속 만나다가 잘못된 수렁에 빠져 목회 인생을 망쳤다.

친밀한 부부 관계를 유지하라 | 사탄은 목회자 가정을 늘 공격한다. 부부 사이에 틈을 내고 그 사이를 비집고 들어온다. 어느 목사는 부부가 함께 잠자리를 하지 않고 늘 교회 목양실에서 기도하며 잔다고 한다. 또 어느 사모는 교회를 위해 기도하기 위해 매일 권사

들과 같이 교회 기도실에서 지낸다고 한다. 이것이 경건인가? 성경의 교훈과 정면으로 배치된다(고전 7장 참조). 사탄은 늘 이런 틈을 노린다.

한국 교회에 내로라하는 A목사의 일이다. 그는 불행하게도 사모와의 친밀함이 없었고 틈이 생겼다. 그러던 중 교회의 어느 교인과 옳지 않은 관계를 맺게 되었다. 이 교인은 존경하는 목회자와 좋은 관계로 출발했지만 결국 불륜이 되었고 제7계명을 범했다. 사건이 알려지자 가정에서, 교회에서, 심지어 친구 목사들까지 나서서 관계를 끊고 가정이 정상적으로 회복되기를 종용했으나 그는 모든 것을 정리하지 못했다. 결국 이혼을 하였고, 가정은 깨졌고 목회를 그만두었다.

가정이 가장 중요하다. 지나친 표현일지 모르지만 목회보다 가정이 더 중요하다. 어느 목회자는 이렇게 표현했다. "교회 목회는 내가 아니더라도 할 사람이 있지만 내 가정, 내 아내는 내가 아니면 안 되기에 가정이 더 중요하다." 공감이 가는 말이다.

사모와 함께 목회하라 | 오래전 광주전남지역에서 목회자 부부 세미나가 있었다. 그때 사모들에게 남편 목사에게 바라는 것을 적도록 했는데 중요한 몇 가지 내용이 있어 여기에 소개한다. 첫째, 마음껏 돈 한번 써봤으면 한다는 것이었다. 하기야 세상 어느 주부가 돈

을 마음껏 써볼까 싶지만 목회자들의 경제 사정이 어려워 쪼들리게 사는 것을 표현했다고 볼 수 있다.

다음으로 교인들 심방만 하지 말고 나도 심방 좀 해달라는 것이었다. 흔히 목회자는 교인들을 위해 심방하는 등 교회 일에 모든 것을 바치면서 가정을 소홀히 하고 특히 사모에게 무관심하기 때문에 이런 요구가 생기는 것이다. 목회자는 교인 목양도 중요하지만 가정이 더 중요하고 사모 역시 목양 대상 중 한 사람임을 알아야 한다. 과거에는 가정을 희생하며 목회하는 목회자를 경건하고 훌륭한 목회자라고 했다. 그러나 아니다. 먼저 가정이다.

같은 맥락에서 마지막 사모들의 요청은 집에 와서 TV만 보지 말고 나도 좀 쳐다봐달라는 요구였다.

한 가정사역자가 부부 친밀도를 높이기 위해서 최소한 힘써야 할 것으로 몇 가지를 제시했다. 첫째, 매월 중 하루는 부부의 날로 정하고 그날은 모든 약속이나 교회 일을 뒤로하고 하루 종일 부부가 함께하라. 둘째, 아내와 관계된 모든 기념일을 챙기라. 즉 아내의 생일, 결혼기념일 등에 마음을 담은 편지와 작은 선물을 주라. 그러면 사모는 감동한다. 사모를 감동시키는 목회자가 되라. 셋째, 나이가 들수록 함께하기 위해 부부 공동의 취미생활을 하라. 부부는 따로 놀면 안 된다. 여가 활동이나 취미 생활이 같아야 함께할 수 있다. 목사는 등산을 좋아하고 사모는 수영을 좋아하는 등 여가 시간에 각

각 흩어지면 부부 친밀감이 떨어진다. 운동이라면 같은 종목으로, 취미도 같은 것으로 서로가 맞추어가야 한다.

우리 교회 여집사 한 분이 아내에게 "목사님과 어려워서 어떻게 사세요?"라고 물었다고 한다. 교인들은 목사가 가정에서도 목사인 줄 안다. 실제로 어떤 목사는 가정에서도 목사 행세를 하는 사람이 있다. 미안하지만 집에서는 목사가 아니다. 오늘날의 목회자들 중 목회는 행복하나 부부 관계는 행복하지 않다는 경우를 본다. 실패한 것이다.

가정이 깨어지고, 목회자가 이성 문제에 실패하면 모든 게 끝이다. 이 문제에 자유로울 수 있는 목회자는 아무도 없다. 더욱 경계하며 성령의 도우심을 의지해야 한다. 삼손도 넘어졌다. 다윗도 그러했다. 너 나 할 것 없이 우리 모두가 조심해야 한다.

3. 세 번째 함정 – 돈

시중에 떠도는 우스갯소리 중에 "세상에 돈 싫어하는 사람 없다. 재벌인 이○○ 씨나 정○○ 씨에게 돈 갖다줘봐라 싫어하는가!"라는 말이 있다. 세상에 돈 싫어하는 사람 없다는 말은 사실이다. 목회자 역시 마찬가지이다. 목회자와 돈은 안 어울리는 것 같으나 그렇지 않다. 많지는 않으나 가끔씩 목회자가 돈과 관련된 비리로 부끄러움을 겪는다. 타락한 양심으로 교회 헌금에 손을 댔다느니, 교회 건축

공사에 업자로부터 소위 커미션을 받았느니 하여 문제가 된다. 특히 많은 경우 목회자가 심방을 가서 교인들이 주는 감사헌금을 받아 교회 재정에 넣지 않고 개인이 사용하는 사건들이 있다. 목회자는 심방 가서 교인이 주는 감사헌금을 받지 않고 교인에게 직접 주일에 헌금하도록 해야 한다. 혹 심방 와서 고맙다고 목회자 개인에게 주는 경우일지라도 될 수 있는 대로 목회자 개인이 갖기보다는 목회자회 전체 경비로 쓰는 것이 더 바람직하다.

사실 한국 교회 목회자 대부분은 경제적 넉넉함이 없다. 이론상 물질에 자유로워야 되지만 실제로는 그렇지 못하며 물질 문제로 교회에 시험이 되기도 하고 목회에 큰 걸림돌이 되기도 한다.

부끄러운 이야기이지만 목회자가 연말 또는 연시에 소천하거나 큰 병을 얻는 경우가 많다. 그 이유는 물론 과로로 인한 경우도 있지만 일 년 예산 편성 공동의회에서 책정되는 목회자의 생활비에 과도하게 신경을 쓰고, 때로는 자신의 기대치에 못 미쳐 충격을 받아서라고 한다.

어느 원로목사에게 이런 이야기를 들었다. "목사가 지나치게 생활비에 집착하는 것은 하나님 앞에서 부끄러운 일이요 목사가 아닌 삯꾼의 마음이다. 나는 기대 이상으로 넉넉한 생활비를 주면 구제 더 하고, 기대만큼 안 주면 하늘나라 상급이 더 클 것으로 믿고 이 문제에 대해서 초연하게 되었다." 사실 생활비에 대한 목회자의 기대와 교회의 책정 차이는 불과 5-10만 원 정도이며 1년이라고 해 봐야 100만 원 안팎이다. 그런데도 이 정도에 과도하게 신경 쓰고 목숨을 거는 것은 바로 비교의식 때문이다. 같은 수준의 교회인데 친구나 이웃 교회가 자신의 교회보다 목회자를 더 잘 대우할 때 느끼는 비교 낙심감이다. 벗어나야 한다.

소명감을 가지라 │ 목회자가 교회에서 받는 보수는 생활비인가, 사례비인가, 월급인가? 답은 생활비이다. 월급은 한 달 일하고 그 대가로 월말에 주는 보수이다. 사례비는 말 그대로 감사해서 주는 돈이다. 생활비는 목회자의 생활을 교회가 책임진다는 의미에서 주는 보수이며 그래서 월초에 주는 것이 마땅하다. 지금은 달라졌지만 예전에는 성미와 김장 등을 교회가 직접 해 주었다.

옛날 이야기를 해서 미안하지만 과거에 목회자로 헌신한다는 것은 하나님의 소명에 순종하여 십자가를 지는 고난의 길이었다. 목회자는 그것을 각오하고 다짐하며 목회자의 길로 들어섰다. 그러나 지금 세태는 너무 다르다. 부교역자를 청빙하려고 면접을 하면 "월급은 얼마인가? 차량은 제공되는가?" 등등 물질적인 요구를 먼저 한다. 이제 목사직은 하나의 직업이 되고 있다. 소명 없는 직업으로서 목사직을 맡는 것은 세속화요 한국 교회의 위기이다. 어느 누구도 물질 문제에 자유롭지 못하기에 욕심을 조금 절제하고 특히 이로 인해 비교의식이나 패배의식을 가지지 않는 목회자가 되어야 한다. 적어도 돈 때문에 목사직이 훼손되지 않도록 항상 경계해야 한다.

영적 전투의 최일선에 있는 목회자 앞에는 여러 가지 시험과 함정이 도사리고 있다. 최고의식, 여자, 돈 등 수많은 함정에 빠지지 않도록 목회자는 자기관리를 철저히 해야 한다. 자기관리는 곧 승리하는 목회의 지름길이다.

NINE SIMPLE RULES FOR PASTORS

원리6

직분자 세우기
인격을 먼저 보라

"인사가 만사"라는 말이 있다. 어떤 조직이든지 사람이 문제이다. 사람을 잘 세우면 그 조직은 잘된다. 그러나 사람을 잘못 세우면 큰 문제가 일어난다. 내가 잘 아는 L목사는 은퇴 뒤 회고하기를 자신의 목회 일생 중 가장 후회스러운 것이 직분자를 잘못 세워서 목회의 어려움을 겪은 일이라고 했다. 그래서 후배 목회자들에게 가장 당부하고 싶은 것이 교회 직분자를 잘 세우라는 것이라고 한다.

사실 교회 행정에서 인사는 가장 중요하고 또 어려운 일 중 하나이다. 특히 장로교 정치 체제에서는 당회가 입법권과 사법권, 그리고 행정권을 다 가지게 되므로 직분자 중에서도 장로를 잘 세우는 것은 가장 중요한 일이다.

성경이 말하는 인사 행정 원리

1. 구약 시대의 사람 세우기

모세가 이스라엘 백성을 이끌고 가나안을 향하여 광야를 통과할 때 수많은 사건과 사고들이 있었다. 각 사건과 시시비비에 대해 모든 사람이 모세를 찾아와 호소하고 재판을 받았다. 아침부터 저녁까지 모세 혼자서 모든 일을 처리하는 것은 보통 문제가 아니었다. 곧 모세의 장인이 찾아와 이 형편을 보고 사람 세울 것을 권고했고 출애굽기 18장 21절에 그 원칙이 제시되었다.

> "너는 또 온 백성 가운데서 능력 있는 사람들 곧 하나님을 두려워하며 진실하며 불의한 이익을 미워하는 자를 살펴서 백성 위에 세워 천부장과 백부장과 오십부장과 십부장을 삼아 그들이 때를 따라 백성을 재판하게 하라 큰 일은 모두 네게 가져갈 것이요 작은 일은 모두 그들이 스스로 재판할 것이니 그리하면 그들이 너와 함께 담당할 것인즉 일이 네게 쉬우리라" (출 18:21-22).

여기서 중요한 교회 인사 원칙이 나온다. 첫째는 능력 있는 사람이다. 즉 그 일을 할 수 있는 소양, 능력이 있어야 한다. 둘째는 하나님을 두려워하는 자여야 한다. 이것은 재능 이상으로 중요하다. 세상의 단체나 조직은 그저 유능한 사람이면 된다. 그러나 교회는 능력 이상으로 신앙적 요소가 중요하다. 신앙 없는 능력은 오히려 악의 도구가 될 수 있다. 셋째는 진실한 자이다. 거짓이나 권모술수를 부리지 않고 양심적인 사람이라야 한다. 넷째는 불의한 이익을 미워하는 자이다. 특히 재판의 경우 불의한 재물을 받고 송사를 굽게 하는 일이 있을 수 있기에 불의한 이익을 거절할 줄 아는 신실함이 필요하다.

2. 신약 시대의 사람 세우기
감독(장로)

"미쁘다 이 말이여, 곧 사람이 감독의 직분을 얻으려 함은 선한 일을 사모하는 것이라 함이로다 그러므로 감독은 책망할 것이 없으며 한 아내의 남편이 되며 절제하며 신중하며 단정하며 나그네를 대접하며 가르치기를 잘하며 술을 즐기지 아니하며 구타하지 아니하며 오직 관용하며 다투지 아니하며 돈을 사랑하지 아니하며 자기 집을 잘 다스려 자녀들로 모든 공손함으로 복종하게 하는 자라야 할지며 (사람이 자기 집을 다스릴 줄 알지 못하면 어찌 하나님의 교회를 돌보리요) 새로 입교한 자도 말지니 교만하여져서 마귀를 정죄하는 그 정죄에 빠질까 함이요 또한 외인에게서도 선한 증거를 얻은 자라야 할지니 비방과 마귀의 올무에 빠질까 염려하라"(딤전 3:1-7).

"내가 너를 그레데에 남겨 둔 이유는 남은 일을 정리하고 내가 명한 대로 각 성에 장로들을 세우게 하려 함이니 책망할 것이 없고 한 아내의 남편이며 방탕하다는 비난을 받거나 불순종하는 일이 없는 믿는 자녀를 둔 자라야 할지라 감독은 하나님의 청지기로서 책망할 것이 없고 제 고집대로 하지 아니하며 급히 분내지 아니하며 술을 즐기지 아니하며 구타하지 아니하며 더러운 이득을 탐하지 아니하며 오직 나그네를 대접하며 선행을 좋아하며 신중하며 의로우며 거룩하며 절제하며 미쁜 말씀의 가르침을 그대로 지켜야 하리니 이는 능히 바른 교훈으로 권면하고 거슬러 말하는 자들을 책망하게 하려 함이라"(딛 1:5-9).

바울은 각각 디모데와 디도에게 교회의 장로들을 세울 때 지켜야 할 자격 기준을 교훈했다. 교회 안팎에서 책망할 것이 없는 사람을 세우라고 하면서 엄하게 그 자격을 말했다.

- ▶ 혼인관계에서는 한 아내의 남편인 자, 즉 가정생활이 바르고 일부일처의 원리를 지키는 자
- ▶ 생활양식에서는 절제의 미덕을 갖춘 자
- ▶ 판단과 행동에서는 근신, 즉 사려 깊은 건전한 마음을 가진 자
- ▶ 일반 품행에서는 덕이 있는 자
- ▶ 손님 대접을 잘하는 자(이것은 숙박·식당 시설이 없던 고대 사회 때 부터 미덕이었다)
- ▶ 교사 능력이 있는 자

그리고 교회 밖에서의 일상생활의 자격 기준으로는 다음과 같은 내용을 꼽았다.

- ▶ 술을 즐기지 않는 자
- ▶ 구타하지 않는 자, 즉 싸우기를 좋아하는 고약한 성질을 가진 자는 안 된다는 것이다. 디도서에서는 급히 분내지 않는 자로 말하는데 같은 정신이다.
- ▶ 관용하는 자, 즉 이해심이 있는 자로서 예를 들면 사도행전에 나오

는 바나바 같은 사람이다(행 4:36-37, 9:27, 11:24 참조).
- 다투지 않는 자, 즉 교회 내 사소한 일에 시시비비를 문제 삼으며 화평을 깨는 자는 안 된다는 것이다.
- 돈을 사랑하지 않는 자
- 자기 집을 잘 다스리는 자
- 새로 입교하지 않은 자, 즉 장로는 나이만 연장자가 아니라 신앙에서도 연장자라야 한다. 새로 입교했다는 것은 어린 묘목이라는 뜻이다. 흔히 외부에서 들어와 갑자기 열심을 내거나 혹은 돈이 좀 있다고 물질로 봉사하고 나서면 목회자는 착각하기 쉽고 교인들도 분별력을 잃어 그들을 갑자기 장로로 세우는 일이 있는데 이는 아주 위험하다.
- 세상에서도 선한 증거, 즉 평판이 좋은 자

사실 이 모든 자격을 다 갖춘 사람이 어디 있겠는가! 그러나 이 정도의 기준을 가지고 사람을 세우도록 주의해야 한다.

집사 | 집사라는 말의 어원은 "$διακονός$"인데 신약에 약 30번 나온다. 성경은 이를 집사, 섬기는 자, 일꾼, 하인, 종 등으로 번역하고 있다. 집사는 순수 봉사직이다.

우리는 흔히 집사의 시작이 초대 예루살렘 교회에서 일곱 집사를 세운 것이라고 생각한다. 그러나 사도행전 6장의 그 본문에는 집사라는 표현이 없다. 단지 사도 이외의 평신도 일꾼 일곱을 세운 것이다. 하지만 그 일이 구제와 봉사의 일이기에 곧 오늘의 집사직이라고 말할 수 있다.

> "형제들아 너희 가운데서 성령과 지혜가 충만하여 칭찬 받는 사람 일곱을 택하라 우리가 이 일을 그들에게 맡기고 우리는 오로지 기도하는 일과 말씀 사역에 힘쓰리라 하니 온 무리가 이 말을 기뻐하여 믿음과 성령이 충만한 사람 스데반과 또 빌립과 브로고로와 니가노르와 디몬과 바메나와 유대교에 입교했던 안디옥 사람 니골라를 택하여"(행 6:3-5).

사도행전이 집사의 내적 자격으로 삼은 내용을 정리하면 다음과 같다.

- ▶ **성령 충만한 자**
- ▶ **지혜 충만한 자**
- ▶ **믿음 충만한 자**
- ▶ **칭찬 듣는 자**

또한 바울은 디모데에게 교회 집사로 세울 사람의 외적 자격에 대해서 다음과 같이 규정하고 있다.

> "이와 같이 집사들도 정중하고 일구이언을 하지 아니하고 술에 인박히지 아니하고 더러운 이를 탐하지 아니하고 깨끗한 양심에 믿음의 비밀을 가진 자라야 할지니 이에 이 사람들을 먼저 시험하여 보고 그 후에 책망할 것이 없으면 집사의 직분을 맡게 할 것이요 여자들도 이와 같이 정숙하고 모함하지 아니하며 절제하며 모든 일에 충성된 자라야 할지니라 집사들은 한 아내의 남편이 되어 자녀와 자기 집을 잘 다스리는 자일지니 집사의 직분을 잘한 자들은 아름다운 지위와 그리스도 예수 안에 있는 믿음에 큰 담력을 얻느니라"(딤전 3:8-13).

집사의 자격은 장로의 자격과 중복되는 내용이 많다.

▶ 단정한 자
▶ 일구이언하지 않는 자, 즉 거짓말하면 안 된다.
▶ 술에 인박히지 않은 자
▶ 더러운 이익을 탐하지 않는 자

- ▶ 깨끗한 양심, 믿음의 비밀을 가진 자
- ▶ 참소하지 않는 자, 즉 중상모략으로 다른 사람의 명예를 손상시키지 않는 자로서 허위선전, 헛소문을 퍼뜨리지 않아야 한다.
- ▶ 충성된 자
- ▶ 건전한 가정을 가진 자

사실 이와 같은 자격을 완전히 구비한 사람이 현실적으로 어디 있겠는가! 그러나 이런 자격 수준을 두고 사람을 세우도록 노력해야 한다.

직분자 세우기의 실제

사실 목회자는 사람을 다 모른다. 교인들 역시 서로를 잘 아는 것 같아도 그렇지 못하다. 교회가 대형화되면 될수록 더 그렇다. 그래서 직분자를 잘못 세울 경우가 있고 그 때문에 교회가 큰 시험에 봉착하기도 한다.

서울의 한 대형 교회인 C교회는 장로를 세울 때 가장 먼저 구역에서 추천을 받고 여러 단계를 거쳐서 교역자 회의에서 후보가 선출되면 최종적으로 당회에서 후보를 결정하는 시스템을 가지고 있다. 담임목사였던 O목사의 말에 의하면, 어느 해인가 이런 과정을 거쳐서 엄격히 신앙과 봉사와 헌금과 훈련을 다 파악하고 이만하면 됐다고 생각되어 교역자 회의까지 통과된 한 성도가 있었다. 그런데 아주 우연찮게 그의 감추어진 사생활이 발각되었는데, 이중 가정생활을 하는 사람이었다고 한다. 이 사실을 안 O목사는 기절할 정도로 탄식하며 말했다. "이럴 수가 있나! 이처럼 교회 안에서 착실하고 봉사 잘하고 온갖 훈련을 다 받은 분이……."

또 한 교회는 참으로 신실한 어느 집사를 헌금계수위원으로 봉사하게 했다. 교회에서는 다른 일도 신실해야 맡길 수 있지만 헌금 다루는 직은 더욱더 그러하다. 그런데 믿었던 그 집사가 헌금계수 중 슬쩍 도둑질을 하는 나쁜 버릇이 있었고 수년 동안이나 그래 온 것이 결국 발각되었다. 그래서 당회가 징계하여 교회를 떠났는데 얼마 안 있어 서울 강남 어디에 빌딩을 샀다는 소문이 들려 담임목사가 탄식하는 소리를 들었다. 그 후 교회는 계수실에 CCTV를 여러 대 설치해 놓았다고 한다.

가장 중요한 기준, 성품

흔히 교회는 세 가지의 중요한 기준을 가지고 직분자를 평가하고 세운다. 즉 신앙과 성품과 능력이다. 그러면 이 세 가지 중 어느 것이 가장 중요할까? 이 질문에 많은 목회자는 두말할 것도 없이 신앙이라고 답한다.

그러나 나는 성품이 더 중요하다고 생각한다. 물론 신앙이 중요하지만 신앙은 성장할 수 있다. 능력도 중요하지만 능력은 개발할 수도, 발전될 수도 있다. 그러나 성품의 경우는 거의 타고난다. 30여 년의 목회 경험 속에서 신앙이 성품을 따라 표현되는 것을 많이 보아왔다. 즉 잘못된 성품을 가진 사람은 그 성품을 따라 신앙도 잘못된 방향으로 나타나기 쉽다는 것이다.

물론 성령의 은혜로 성품까지 바뀌는 경우도 있지만 대개의 경우 어려운 일이다. 평상시에는 자신의 성품을 조용히 가지고 있다가 유사시에 아주 부정적인 역할을 하는 모습을 종종 볼 수 있다. 그래서 나는 성품이 더 중요하다고 생각한다. 그 다음으로 신앙과 능력을 고려하는 것이 낫다고 본다.

하나님이 세우시는 사람을 기다리라

목회자가 기도하고 주의해야 하는 일이 많지만 가장 힘쓸 때가 직분자를 세울 때이다. 정말 좋은 장로, 집사, 권사가 세워지기를 기도

하고 애쓴다. 또한 교회가 시험에 가장 많이 드는 때가 직원을 뽑은 후이다. 물론 목회 연륜이나 교회 규모에 따라 다를 수 있지만 직원을 뽑을 때 목회자는 정말 좋은 일꾼을 세우고 싶은 욕심에 자신의 마음에 드는 사람, 즉 목회자 중심으로 세우려는 경향을 갖게 된다. 즉 내 사람 세우기이다. 이것은 극히 조심해야 할 일이다.

나도 목회 초년병 시절에는 그런 생각이 강했다. 얕은 생각에서 '저분은 꼭 장로 또는 집사, 권사가 되셔야 해.'라는 생각을 가졌다. 물론 목회자가 임명하지 않고 공동의회에서 투표를 통해 결정하기 때문에 목회자가 원하는 사람이 다 선임되는 것도 아니다. 문제는 자신이 그렇게 믿고 꼭 되기를 기도하고 선출된 사람이 목회자나 교인의 기대에 부응하는 좋은 직분자가 되지 못하는 것을 보면서 실망감과 더불어 '내가 잘못된 생각과 판단을 했구나' 하는 자책감을 가지게 되는 것이다. 반대로 별로 기대하지도 않고 '저분이 장로가 되고 집사, 권사가 되시면 교회에 무슨 유익이 있으며 내 목회에 무슨 힘이 되겠는가.'라고 생각했던 성도가 의외로 참 신실하며 좋은 일꾼으로 섬기는 것을 경험하기도 한다.

아주 극단적인 예이지만 서울 시내 P교회는 담임목사였던 K목사가 보기에 정말 너무 좋은 집사가 한 명 있었다. 그래서 장로 선출 때 꼭 그 집사가 되기를 기대하고 기도하며 애썼다. 당시 K목사는 당회 내에서 약간의 어려움을 겪고 있었기에 그런 분이 장로가 되어 당회에 들어오면 많이 좋아지지 않겠나 하는 생각이었다. 그러나 그 집사가 장로가 되어 당회에 들어와서 하는 행태를 보고 거의 절망해 버렸다. 집사 때는 그렇게 겸손하고 잘 섬기고 또 목회자 편에서 모든 것을 말하고 행하던 그가 장로가 되자 곧바로 교역자를 괴롭히고 심지어 담임목사를 내보내는 일에 앞장서더라는 것이다. K목사는 너무 실망한 나머지 목회에 환멸을 느끼고 사람에 대한 실망으로 교회를 사임하고 말았다.

그러면 어떻게 할 것인가? 목회자가 지레짐작하여 어떤 사람은 되고 또 어떤 사람은 안 되고 하는 식의 생각을 버리고 정말 기도하면서 하나님이 세우시는 사람을 기다려야 한다. 지금 좋지 않은 사람이 앞으로 좋아질 수 있고 또 지금 좋은 사람이 어느 순간, 어느 사건으로 인해 안 좋아질 수 있다. 언제나 사람을 지나치게 믿고 기대하면 실망이 더 커지는 법이다.

직분은 계급이 아니다

오래전 우리 교회 안수집사 한 분이 장로가 된 뒤에 회사에 출근하여 자기가 이제는 장로가 되었노라고 직원들에게 말했다. 그러자 비신자인 한 직원이 "그러면 몇 년 더 있으면 목사가 됩니까?" 하더란다. 그 직원은 교회에 대해 잘 모르지만 아마 집사가 있고, 그 위에 높은 것이 장로이고, 가장 높은 것이 목사라고 생각하여 얼마나 더 있으면 목사가 되느냐고 물은 것이었다.

우스운 이야기이지만 비신자는 말할 것도 없고 교회 내의 교인들조차 교회 직분을 계급으로 생각하는 경우가 많다. 장로가 되고 권사가 되면 계급이 높아진 줄로 생각한다. 직분을 계급으로 생각하면 봉사와 섬기는 자세를 보이기보다 권세를 부리고 교회에 군림하려고 한다.

많은 경우 오늘 한국 교회의 큰 문제 중 하나는 교회 직분을 계급으로 인식하는 데 있다. 너 나 할 것 없이 직분을 탐하고 높아지려고 한다. 그래서 심지어 직분자 선출을 앞두고 세속적인 선거 운동도 하고 음식 접대 등을 통해 표심을 얻으려고 한다. 평소에 전혀 안 하다가 직분자 선출을 앞두고 갑자기 열심히 봉사하니 그 속이 다 보인다. 특히 외부에서 전입하여 본 교회에 출석한 지 얼마 되지 않은 사람의 경우 더 조심해야 한다. 사실 교회의 직분을 누리는 개념으로 생각하면 그렇게 좋을 수가 없다. 그러나 섬김으로 생각하면 무거운 짐이요 어려운 것이다. 모든 교회의 직분은 섬김으로 인식되어야 한다.

"몸은 하나인데 많은 지체가 있고 몸의 지체가 많으나 한

몸임과 같이 그리스도도 그러하니라 우리가 유대인이나 헬라인이나 종이나 자유인이나 다 한 성령으로 세례를 받아 한 몸이 되었고 또 다 한 성령을 마시게 하셨느니라 몸은 한 지체뿐만 아니요 여럿이니 만일 발이 이르되 나는 손이 아니니 몸에 붙지 아니하였다 할지라도 이로써 몸에 붙지 아니한 것이 아니요 또 귀가 이르되 나는 눈이 아니니 몸에 붙지 아니하였다 할지라도 이로써 몸에 붙지 아니한 것이 아니니 만일 온 몸이 눈이면 듣는 곳은 어디며 온 몸이 듣는 곳이면 냄새 맡는 곳은 어디냐 그러나 이제 하나님이 그 원하시는 대로 지체를 각각 몸에 두셨으니 만일 다 한 지체뿐이면 몸은 어디냐 이제 지체는 많으나 몸은 하나라 눈이 손더러 내가 너를 쓸 데가 없다 하거나 또한 머리가 발더러 내가 너를 쓸 데가 없다 하지 못하리라 그뿐 아니라 더 약하게 보이는 몸의 지체가 도리어 요긴하고 우리가 몸의 덜 귀히 여기는 그것들을 더욱 귀한 것들로 입혀 주며 우리의 아름답지 못한 지체는 더욱 아름다운 것을 얻느니라 그런즉 우리의 아름다운 지체는 그럴 필요가 없느니라 오직 하나님이 몸을 고르게 하여 부족한 지체에게 귀중함을 더하사 몸 가운데서 분쟁이 없고 오직 여러 지체가 서로 같이 돌보게 하셨느니라 만일 한 지체가 고통을 받으면 모든 지체가 함께 고통을 받고 한 지체가 영광을 얻으면 모든 지체가 함께 즐거워하느니라 너희는 그리스도의 몸이요 지체의 각 부분이라"(고전 12:12-27).

바울은 교회를 유기체, 즉 그리스도의 몸으로 말하고 몸에 여러 지체가 있고 각양의 역할이 있듯이 교회도 그러하다고 설명했다. 은사의 다양성에 따라 여러 직임이 있고, 각 직임마다 담당하는 기능이 있으며, 직임들은 서로를 존중해야 한다. 성경은 무엇보다도 각 직임이 높낮이가 없다는 것을 교훈한다. 사실 눈, 코, 입, 귀는 기능이 다를 뿐이지 높낮이가 없다. 마찬가지로 교회의 모든 직분도 계급의 높낮이가 없고 그 기능과 직무만 다를 뿐이다.

아주 재미있는 사례가 있다. S교회에서 일어난 일인데, 어느 연세 많은 집사 한 분이 돌아가셨다. 그분의 자녀들은 신앙이 그리 깊지 않았고 교회에 대한 이해도 없었다. 하지만 들은 풍월로 교회 평신도 중 그래도 장로가 가장 고위직(?)이라고 알고 있었다.

그래서 장례를 앞두고 담임목사에게 요청하기를 자신의 아버지를 장로로 해줄 수 없냐고 했다. 세상에서도 군인들이 공을 세우고 죽으면 1계급 특진 같은 것이 있는데 교회에는 그런 제도가 없냐는 것이었다. 교회의 성도들은 교회 직분이 결코 계급이 아니고 높낮이도 없다는 사실을 기억해야 한다.

직분자의 교육과 훈련 프로그램

좋은 일꾼은 하늘에서 떨어지는 것이 아니라 교육과 훈련으로 만들어진다. 즉 제직은 교육과 훈련이 꼭 필요하다. 지금 여러 교회들마다 직분자에 대한 교육과 훈련 프로그램들이 있다. 크게 나누면 선출 전 교육과 선출 후의 교육이 있다. 이런 교육과 훈련은 완전하지는 않으나 절대적으로 필요하다.

서울 H교회는 미리 장로가 되고 싶은 사람을 신청받는다. 만약 장로가 되면 무엇을 하겠다는 서약도 함께 받는다. 그리고 장로에게 필요한 훈련 프로그램에 따라 약 6개월간 교육을 받게 한다. 후보 자격 규정에 여러 조항들을 넣기도 한다. 일반적으로 제자훈련 과정을 마친 후 사역자반까지 이수한 사람, 즉 교육을 마친 자에게 후보가 될 수 있는 자격을 부여한다.

이 같은 사전 훈련은 참으로 유익하다. 그러나 선출된 이후의 훈련은 더 필요하다고 본다. C교회의 경우 선출 후 노회의 장로고시가 있기 전까지 6개월간 다음과 같은 교육을 한다.

- ▶ 일반적 이론 교육(〈부록 1〉 참조)
- ▶ 영적 성장과 성숙 훈련으로서 영성 훈련
- ▶ 영성 훈련의 경우 지정 도서의 독후감 쓰기를 비롯하여 성경 읽기 (임직 때까지 신구약 1독), 매일 새벽기도, 주일 낮 설교 요약하여 제출하기 등이 있다. 그리고 임직 바로 직전 임직자 전체가 모여 기도원에서 기도운동을 가지기도 한다.
- ▶ 봉사 훈련

6개월간 식당 설거지 봉사 또는 배식 봉사를 하거나 주차 요원으로 주일에 봉사하게 한다. 그 외에도 봉사의 현장에 투입한다. 그러나 사실 이것은 단기간의 교육으로 완성될 수 없다. 그러기에 직분자 교육과 훈련은 지속적으로 이루어져야 한다.

직분자를 세우는 일은 목회 사역에 있어서 매우 중요한 비중을 차지한다. 하나님이 세우신 직분자들을 선출하고 사전 교육 및 지속적인 사후 훈련을 통해 그들이 영적으로 더욱 성장하도록 동기를 부여하는 일은 목회자의 몫이다.

부록 1
직분자 학교 교육계획

1. 명칭 : ○○교회 직분자 학교
2. 대상 : 2010년도 서리집사 임명 대상자
3. 일시 : 2010년 9월 6일(목) – 11월 15일(목) (10주간)
   새벽반 – 매주 목요일 오전 6:00-7:00
   저녁반 – 매주 목요일 오후 7:30-9:00
4. 장소 : 회의실
5. 담당 : 교역자실

6. 교육 내용 및 일정

일자	주제	요절	교육 내용	담당자
9/6	서론	딤전 1:12	과정에 대한 소기와 반 분류, 집사의 정의, 엡 4:1-16 본문 연구	
13	교회	마 16:18	교회의 어원, 비유, 구분, 표지, 교회의 사명, 교회 정치	
20	성경	딤후 3:16	영감론, 속성, 성경 기록의 목적, 성경의 구성, 말씀의 능력, 읽기	
27	예배	요 4:24	예배의 본질, 예배의 성격, 예배의 요소, 바른 예배와 주일 성수	
10/4	기도	사 58:9	기도의 정의, 예수님의 모범, 기도의 내용과 요소, 방법, 기도 계획	
11	전도	행 1:8	전도의 이유, 예수님의 명령, 눅 15장 본문 연구, 전도대상자 선정	
18	헌금	고후 9:8	헌금의 뜻과 종류, 고후 8-9장 연구, 십일조의 의미	
25	직분론	딤전 3:13	교회의 직분, 집사의 성경적 의미, 헌법에서의 집사, 행 6:1-6 연구, 집사의 자격과 역할	
11/8	청지기	마 25:21	청지기의 뜻, 청지기의 원리, 마 25:14-30 본문 연구	
15	성령	요 14:16	성령의 정의 및 역할, 성령세례와 충만, 성령의 은사	
12월 중	직원임명			

모든 교회에서 지속적으로 이루어지고 있는 제직 교육으로는 몇 가지가 있다.

▶ 매년 초 제직수련회

특별한 인사를 초청하여 강의를 듣거나 담임목사의 목회 방향을 설명하여 모든 제직들의 공감과 동참을 이끈다.

▶ 연중에 가지는 장로, 집사, 권사 세미나

서리집사의 경우도 그냥 임명할 것이 아니라 반드시 교육 훈련 후에 임명하는 것이 필요하다. S교회의 교육 과정을 참조할 수 있다(〈부록 2〉 참조).

좋은 일꾼 세우기는 목회에 있어서 가장 중요한 사역이다. 좋은 일꾼 선택도 중요하지만 지속적인 교육과 훈련을 통해 일꾼을 만들어가야 한다.

부록 2
피택장로 및 집사 훈련계획

1. **교육 목적** : 장로, 안수집사로서 담임목회자를 도와 그리스도의 몸인 교회를 하나님의 뜻에 합당한 교회 공동체로 세워가기 위해 직분자로서 갖춰야 할 자질을 체득하도록 돕는 데 그 목적이 있다.
2. **교육 기간** : 2010년 1월 24일(주일) – 4월 18일(주일)
3. **교육 내용** : 직분자가 갖춰야 할 리더십 영역을 자기 세우기, 사람 세우기, 교회 공동체 세우기, 세상 세우기로 구분하고 각 영역에 해당하는 자질을 중심으로 교육 내용을 구성한다.
   1) 자기 세우기 : 말씀 묵상, 기도 생활
   2) 사람 세우기 : 리더십과 헬퍼십, 섬김의 리더십
   3) 교회 공동체 세우기 : 교회 정치, 직분론, 바른 교회론
   4) 세상 세우기 : 해외선교 현황과 비전

4. 장소 : 회의실

월	주일	과 목	강사	비고
1	24	교회 비전 이해하기(교회론)		
	31	묵상하는 그리스도인		
2	7	무릎으로 사는 그리스도인		
	14	설 날		
	21	다윗의 장막 : 예배의 회복		
	28	그리스도인의 재정과 헌금		
3	7	구원의 확신과 성화		
	14	영혼을 살리는 전도자의 삶		
	21	리더십과 헬퍼십		
	28	권위와 순종		
4	4	청지기적 삶의 길		
	11	세계를 품은 그리스도인		
	18	시험		

5. 훈련 일정

6. 피택자를 위한 수양관 기도회 : ○월 ○○일(금) – ○○일(토)

7. 필독 도서 : 리처드 포스터, 「영적 훈련과 성장 : 성숙한 그리스도인이 되는 길」, 생명의말씀사

원리7

헬퍼 찾기

1인자 같은 2인자를 세우라

오래전 Y신학대학의 K교수가 이런 말을 했다. "한 교회에서 10년 이상 사역한 분 앞에서는 머리를 숙여야 하고 20년 이상 된 사역자 앞에서는 허리를 굽혀야 하며 30년 이상 장기 목회한 분 앞에서는 무릎을 꿇어야 한다." 오랜 교수 생활 후에 목회를 해 보니 진정 한 교회에서 장기간 사역한다는 것이 여간 어려운 일이 아님을 알고 장기 목회자에게 경의를 표해야 한다는 말이다. 송구스럽게도 나는 한 교회에서 30년 이상 사역했다. 그래서 앞에서 K교수가 표현한 칭송을 주변에서 하기도 한다. 곰곰이 생각해 본다. '나는 과연 어떻게 이 교회에서 30년 이상 사역할 수 있었는가? 그리고 어느 정도의 성장을 이루며 은혜로운 교회를 만들어갈 수 있었을까? 진정 고백할 수 있는 것은 하나님의 은혜라는 것이다.

> "그러나 내가 나 된 것은 하나님의 은혜로 된 것이니 내게 주신 그의 은혜가 헛되지 아니하여 내가 모든 사도보다 더 많이 수고하였으나 내가 한 것이 아니요 오직 나와 함께하신 하나님의 은혜로라"(고전 15:10).

바울의 고백이다. 이는 모든 신자, 특히 목회자가 해야 할 고백일 것이다. 하나님의 은혜가 아니면 생명도, 직분도, 사역도, 오늘도 있을 수 없다. 그래서 바울은 디모데전서 1장 12-17절에서 이렇게 말했다.

> "나를 능하게 하신 그리스도 예수 우리 주께 내가 감사함은 나를 충성되이 여겨 내게 직분을 맡기심이니 내가 전에는 비방자요 박해자요 폭행자였으나 도리어 긍휼을 입은 것은 내가 믿지 아니할 때에 알지 못하고 행하였음이라 우리 주의 은혜가 그리스도 예수 안에 있는 믿음과 사랑과 함께 넘치도록 풍성하였도다 미쁘다 모든 사람이 받을 만한 이 말이여 그리스도 예수께서 죄인을 구원하시려고 세상에 임하셨다 하였도다 죄인 중에 내가 괴수니라 그러나 내가 긍휼

을 입은 까닭은 예수 그리스도께서 내게 먼저 일체 오래 참으심을 보이사 후에 주를 믿어 영생 얻는 자들에게 본이 되게 하려 하심이라 영원하신 왕 곧 썩지 아니하고 보이지 아니하고 홀로 하나이신 하나님께 존귀와 영광이 영원무궁하도록 있을지어다 아멘"(딤전 1:12-17).

목회 초년병 시절 '과연 어떻게 하면 목회를 잘할 수 있을까?' 고민하다가 당시 정말 목회에 성공하신 존경받는 S교회 C목사님을 찾아뵈었다. "목사님, 어떻게 하면 목사님같이 목회에 성공할 수 있습니까?"라는 질문에 그분은 "은혜지요. 하나님의 은혜로 목회합니다."라고 말씀하셨다. 순간 화가 나기도 했다. 젊은 목사인 나는 소위 특별한 목회 방법이나 비법을 기대했는데 은혜라니……. 그러나 30여 년이 지난 지금, 나 역시 이 고백을 할 수밖에 없고 혹시 찾아오는 후배 목회자가 나와 같은 질문을 한다면 "하나님의 은혜"라고 같은 대답을 해야 할 것 같다.

성장하는 교회의 7가지 요소

미국 교회에서 성장하는 교회의 공통적인 요소를 조사했다. 물론 그 결과가 절대적인 것은 아니다. 그중 한국 교회와 거의 같다고 생각되는 몇 가지를 살펴보겠다.

1. 복음적 설교와 예배

교회 성장에서 목회자의 설교가 차지하는 비중은 매우 높다. 소위 말씀이 좋은 교회를 찾아다니는 현상이 일어나는 이유도 그 때문이다. 복음적 설교, 그리고 쉬운 설교가 필요하다. 오늘날 목회자의 설교를 비판하는 이유 중 하나는 설교가 너무 어렵다는 것이다. 어떤 이의 표현에 의하면 초등학교 5학년 수준에 맞춘 쉬운 설교를 해야 한다. 누구나 알아들을 수 있는 설교라야 한다.

마찬가지로 예배를 빼놓을 수 없다. 예배는 다양한 형태로 나타나지만 그 근본 목적인 하나님께 영광 돌리는 데 초점을 맞추고 예배의 두 요소인 경건성과 축제성을 동시에 추구해야 한다.

2. 기도

더 강조할 필요도 없이 기도를 많이 하는 목회자의 교회는 성장한다. 이것은 사도행전에서 살펴볼 수 있는 초대 교회의 성장 요인이다. 한국 교회의 초기 성장 요인도 특유의 새벽기도에서 찾을 수 있지 않은가! 특별히 새벽기도, 세이레기도, 파수꾼기도, 금요기도, 금식기도 등 다양한 기도를 통해 개인적 신앙 성숙과 교회적 부흥을 가져올 수 있다.

3. 지속적인 전도 운동

신앙 생활을 바로 하려면 구원의 확신과 다른 사람을 구원하고자 하는 열정이 있어야 한다. 오늘 한국 교회의 정체를 말할 때 과거와 같은 전도 열정이 식은 것도 중요한 이유 가운데 하나가 된다. 전도는 계속 강조되고 시행되어야 한다. 새로운 식구가 들어오는 것을 원치 않고 자기들끼리만의 재미있는 교회 생활을 추구하여 전도도 성장도 원치 않는 모습이 있다. 또 새 식구가 왔을 때는 무관심하고 소위 왕따를 시킨다. 그래서 그 새신자는 교회 정착을 하지 못하고 쫓겨난다. 이런 교회는 병들고 장래가 없고 망한다. 건강하고 성장하는 교회는 문이 열려 있고 새신자를 환영하고 VIP 대접을 한다.

물론 요즘 전도 환경이 상당히 어려워진 것이 사실이다. 그러나 전도폭발을 비롯한 이슬비 전도, 태신자 전도, 새생명 축제, 또는 지하철과 아파트 등에 상설 전도팀을 두는 등 다양한 방법을 개교회에 맞게 적용해야 한다. 교회는 유람선이 아니라 구원선이 되어야 한다.

4. 새신자 양육 프로그램

피터 와그너(Peter Wagner)에 의하면 건강한 교회 성장에 방해되는 9가지 요소(병리적)가 있다. 그중 하나는 교인들의 동질성에 따른 지나친 결속, 즉 끼리끼리 의식이다. 교회 내에는 친교 과잉증이 존재한다. 교회는 새신자가 왔을 때 정착하도록 잘 섬기고 또한 그들의 신앙 성장을 위한 양육 프로그램을 다양하게 개발해야 한다. 그렇지 않으면 새신자가 오지만 정착하지 못하고 떠나간다.

5. 충분한 예배 공간과 시설

교회 내에 모임을 가질 수 있는 예배 공간과 교육부서 활성화를 위한 교육 공간은 절대적으로 필요하다. 통계에 의하면 공간의 80%가 차면 더 이상 성장하지 않는다고 한다. 그래서 2부, 3부, 4부 예배로 나누어 드린다. 더불어 적절한 음향과 경우에 따라서는 베이비시터 등도 요구된다.

6. 소그룹(Cell)과 제자훈련

제자훈련은 교회 밖의 선교단체에서부터 시작되었다. 1970년대 한국 교회는 제자훈련을 교회적으로 실시하는 곳이 거의 없었고 CCC나 네비게이토, IVF 등에서 주로 학생들이 훈련을 받았다. 1980년대에 와서 사랑의교회 옥한흠 목사가 교회 내에서 제자훈련을 시작했고 지금의 국제제자훈련원으로 발전하여 국내외의 많은 목회자들이 훈련받고 개교회에 실시하여 큰 효과를 거두고 있다.

셀은 다양하게 표현될 수 있다. 한국 교회식으로 말하면 기존의 구역이 셀이다. 이것이 발전적으로 변형되어 다락방이나 가정 교회나 다양한 소그룹 모임들이 교회마다 있다. 교회는 대그룹인 예배와 소그룹인 셀의 두 바퀴가 건전할 때 성장할 수 있다.

7. 목회자의 리더십

리더십이 좋은 목회자의 교회가 성장한다는 데 전적으로 동의한다. 다시 말해 목회자가 훌륭한 교회가 성장한다는 것이다. 리더십은 여러 가지로 정의될 수 있다. 여기서는 일정한 목표를 정하고 그 목표를 향해 다른 사람과 함께하는 능력, 영향력을 말한다. 영향력 있는 목회자는 교회 성장의 원동력이 된다.

목회자에게 요구되는 리더십

1. 비전

리더로서 목회자는 확고한 목표를 제시해야 한다. 바울 역시 뒤에 있는 것을 잊어버리고 푯대를 향하여 전진한다고 말했다.

> "내가 이미 얻었다 함도 아니요 온전히 이루었다 함도 아니라 오직 내가 그리스도 예수께 잡힌 바 된 그것을 잡으려고

달려가노라 형제들아 나는 아직 내가 잡은 줄로 여기지 아니하고 오직 한 일 즉 뒤에 있는 것은 잊어버리고 앞에 있는 것을 잡으려고 푯대를 향하여 그리스도 예수 안에서 하나님이 위에서 부르신 부름의 상을 위하여 달려가노라"(빌 3:12-14).

목회자는 성취 가능한 목표를 제시해야 한다. 모세가 이스라엘 백성들에게 가나안이라는 비전을 제시하고 이끈 것과 같이 소원과 꿈과 비전을 교인들에게 심어주어야 한다.

2. 도덕성

도덕성은 목회자의 윤리 문제이다. 이는 광범위하게 취급되어야 하지만 그 핵심은 정직에 있다. 오래전 한국 갤럽에서 윤리적으로 깨끗한 직업인을 조사하여 발표했는데 첫째가 신부였고, 다음이 TV 기자, 스님, 신문 기자, 교사, 목사 순이었다. 목회자로서 참 부끄러운 결과이다. 왜 이런 결과가 나온 것일까? 오늘 리더의 자리에 있는 목회자는 도덕성을 재고해 볼 필요가 있다.

성도들에게 비전을 제시하고 도덕성을 갖추는 것 이외에도 목회자는 추진력과 열정, 모험심과 결단력, 감화력, 소명과 자기희생, 시련을 극복하는 능력, 의사소통 능력, 경영 능력 등을 두루 구비해야 효과적인 리더십을 발휘할 수 있다.

헬퍼, 1인자 같은 2인자

목회 사역에 있어서는 리더로서 목회자의 중요성이 크지만 이에 못지않게 중요한 것이 헬퍼이다. 출애굽기 17장 8-16절을 보자.

> "그 때에 아말렉이 와서 이스라엘과 르비딤에서 싸우니라 모세가 여호수아에게 이르되 우리를 위하여 사람들을 택하여 나가서 아말렉과 싸우라 내일 내가 하나님의 지팡이를 손에 잡고 산꼭대기에 서리라 여호수아가 모세의 말대로 행하여 아말렉과 싸우고 모세와 아론과 훌은 산 꼭대기에 올라가서 모세가 손을 들면 이스라엘이 이기고 손을 내리면 아말렉이 이기더니 모세의 팔이 피곤하매 그들이 돌을 가져다가 모세의 아래에 놓아 그가 그 위에 앉게 하고 아론과 훌이 한 사람은 이쪽에서, 한 사람은 저쪽에서 모세의 손을 붙들어 올렸더니 그 손이 해가 지도록 내려오지 아니한지라 여호수아가 칼날로 아말렉과 그 백성을 쳐서 무찌르니라……모세가 제단을 쌓고 그 이름을 여호와 닛시라 하고 이르되 여호와께서 맹세하시기를 여호와가 아말렉과 더불어 대대로 싸우리라 하셨다 하였더라"(출 17:8-16).

이 사건에서 이스라엘이 아말렉을 이긴 가장 중요한 요소는 모세였다. 모세의 리더십이었다. 그러나 승리를 가져온 또 다른 중요한 요소는 리더인 모세에게 좋은 헬퍼인 아론과 훌, 그리고 여호수아가 있었다는 점이다.

사도행전 7장 38절에 기록된 스데반의 설교에 "광야 교회"라는 표현이 나온다. 즉 출애굽 당시 이스라엘 백성이 교회라는 것이다. 여기에서 오늘 교회 목회의 승리 요인을 발견할 수 있다. 그것은 바로 좋은 헬퍼이다. 1인자 같은 2인자, 즉 헬퍼가 있었기에 리더인 모세가 승리했던 것이다. 오늘의 목회에 있어서도 목회자의 리더십은 대단히 중요하다. 좋은 헬퍼가 없는 리더는 온전한 리더십을 발휘하기 어렵다.

1. 헬퍼십(Helpership)이란 무엇인가?

헬퍼란 하나님이 온전한 리더를 세우기 위해 리더보다 먼저 부르고 훈련시키며 세우신 사람들이라고 할 수 있다. 즉 리더가 리더 되게 하는 리더십이다. 예를 들어 마라톤의 페이스메이커, 또는 야구의 구원투수, 농구의 식스맨 같은 존재이다. 결국 좋은 리더에게는 좋은 헬퍼가 있다(구영삼, 조태현, 『헬퍼십』 참조).

2. 성경 속 2인자들

돕는 배필 하와 (창 2:18, 20 참조) │ 하나님은 하와를 돕는 배필로 만드셨다. 이것은 아담의 불완전성을 나타내며 그의 부족함을 채우는 존재라는 의미이다. 아담은 리더이고 하와는 헬퍼인 셈이다.

아론 (출 4:10-16; 민 12:1-11 참조) │ 아론은 리더인 모세를 돕는 헬퍼의 역할을 했다. 모세가 리더로 세움을 받고 못하겠다며 사양하자 하나님은 아론을 헬퍼로 세우셨다. 실제로 출애굽 40년간 아론은 비교적 좋은 헬퍼가 되어주었다.

여호수아 (출 17:9, 24:13, 33:11; 민 13:16, 14:6, 27:18 참조) │ 모세에게 있어 최고의 헬퍼는 여호수아라고 할 수 있다. 출애굽 40년 여정 동안 여호수아는 아말렉 전쟁 때부터 계속해서 모세의 유력한 헬퍼였다.

세례 요한 (요 1:19-34 참조) │ 세례 요한도 예수님의 좋은 헬퍼였다.

> "유대인들이 예루살렘에서 제사장들과 레위인들을 요한에게 보내어 네가 누구냐 물을 때에 요한의 증언이 이러하니

라……나는 선지자 이사야의 말과 같이 주의 길을 곧게 하라고 광야에서 외치는 자의 소리로라 하니라……나는 물로 세례를 베풀거니와 너희 가운데 너희가 알지 못하는 한 사람이 섰으니 곧 내 뒤에 오시는 그이라 나는 그의 신발끈을 풀기도 감당하지 못하겠노라 하더라 이 일은 요한이 세례 베풀던 곳 요단 강 건너편 베다니에서 일어난 일이니라 이튿날 요한이 예수께서 자기에게 나아오심을 보고 이르되 보라 세상 죄를 지고 가는 하나님의 어린 양이로다……요한이 또 증언하여 이르되 내가 보매 성령이 비둘기 같이 하늘로부터 내려와서 그의 위에 머물렀더라"(요 1:19-32).

세례 요한은 예수님을 소개하면서, 자신을 낮추고 예수님을 높이는 헬퍼로서의 역할을 제대로 감당했다.

3. 헬퍼에게 요구되는 자질들

성실성 (골 3:17, 23; 엡 6:5-8 참조) | 헬퍼에게는 리더를 주께 하듯 섬기는 성실함이 필요하다.

겸손 | 헬퍼는 리더에게 겸손하게 순종해야 한다. 때로 헬퍼의 도움으로 리더가 되었을지라도 그에게 겸손해야 한다.

리더와 같은 비전 품기 | 리더와 헬퍼는 비전이 같아야 한다. 헬퍼의 독자적인 비전은 금물이다.

충직한 조언(출 18:13-27 참조) | 헬퍼는 때로 리더에게 충직한 조언을 해야 한다. 출애굽 과정에서 모세는 홀로 재판을 감당하다가 백성도 지치고 모세도 지치는 것을 경험했다. 이 모습을 보고 그의 장인 이드로가 충직한 조언을 하여 문제가 해결되었다.

격려 | 간혹 리더가 탈진할 때가 있다. 그때 헬퍼는 리더에게 용기를 주고 격려할 수 있어야 한다.

보완 | 리더는 불완전한 존재이다. 헬퍼의 역할은 그 불완전함을 보충해 주는 것이다.

만족 | 헬퍼는 스스로 리더가 되려고 해서는 안 된다. 어떤 면에서 헬퍼는 자신의 자리에 대해 만족하고 감사하며 섬겨야 한다.

상호 인정(고전 12:4-27 참조) | 헬퍼는 다른 헬퍼와의 관계에서 독선적이 되어서는 안 되며 서로 다른 은사가 있음을 인정하고 다른 헬퍼를 무시하지 않고 서로를 인정해 주어야 한다.

목회자의 헬퍼들

나의 30여 년 목회는 앞에서 언급한 것과 같이 먼저는 전적으로 하나님의 은혜였다. 그리고 정말 행복하게 목회할 수 있었던 것은 좋은 헬퍼로서 당회원과 부교역자팀이 있었던 것이다. 목회자에게 있어 장로와 부교역자는 목회를 이끌어가는 데 없어서는 안 될 매우 중요한 헬퍼이다.

1. 헬퍼로서 장로

> "너희 중 장로들에게 권하노니 나는 함께 장로 된 자요 그리스도의 고난의 증인이요 나타날 영광에 참여할 자니라 너희 중에 있는 하나님의 양 무리를 치되 억지로 하지 말고 하나님의 뜻을 따라 자원함으로 하며 더러운 이득을 위하여 하지 말고 기꺼이 하며 맡은 자들에게 주장하는 자세를 하지 말고 양 무리의 본이 되라 그리하면 목자장이 나타나실 때에 시들지 아니하는 영광의 관을 얻으리라" (벧전 5:1-4).

장로는 기본적으로 성실성과 겸손을 겸비해야 하며 동일한 비전을 가지고 목회자를 도와야 한다. 나의 목회를 돌아봤을 때 간혹 특수한 예외가 있었지만 거의 모든 장로들이 좋은 헬퍼로서 역할을 해

주었다. 서른둘에 제법 큰 규모의 교회를 맡게 된 나를 아버지뻘 되시는 장로님들이 도와주시고 섬겨주시고 목회 지도력에 순종해 주신 것은 너무 감사한 일이었다. 많은 부족과 시행착오 속에서 돕는 배필같이 잘 조력해 주시어 오늘에 이르렀다. 특히 교회 화재 사건으로 큰 시련에 봉착하고 목회자로서 위기에 처했을 때 장로님들이 앞장서 주셨기에 난관을 잘 헤쳐 나갈 수 있었다.

또한 교회 재정 사고 때도 마찬가지로 장로님들이 앞서서 해결해 주셨다. 교회 위기 관리자들로서 목회자에게 책임을 전가하기보다 자신들이 떠안아 해결해 주신 장로님들은 내게 누구보다 힘이 되어 준 헬퍼들이시다.

2. 헬퍼로서 부교역자

목회 30여 년간 수많은 부교역자들과 동역을 했다. 수십 명 되는 거의 모든 부교역자들이 나의 목회에 큰 힘이 되어주었다. 이들의 조력이 없었다면 오늘의 목회가 잘될 수 없었을 것이다.

부교역자로 섬기는 기간은 목회 훈련의 한 과정, 즉 자신의 담임목회 사역을 준비하는 훈련 과정으로 볼 수 있다. 그래서 나는 부교역자들에게 성찬식을 집례하고 설교, 심방 및 당회와 제직회 방청을 하게 하였으며 회의법을 익히게 하고 학습문답도 하도록 했다.

그와 동시에 무엇보다 부교역자는 담임목사의 헬퍼로서의 기능이 중요하다. 부교역자의 중요한 자세는 첫째가 신앙 인격이다. 그리고 능력이다. 무엇이든지 믿고 맡길 수 있어야 하며 맡기면 잘해내야 한다. 우리 교회를 거쳐 간 대부분의 부교역자들이 신앙 인격이나 능력 면에서 좋은 헬퍼가 되어주었다. 지금은 대부분 담임목사가 되어 좋은 목회를 하고 있다.

모든 목회자에게는 좋은 헬퍼가 필요하다. 1인자 같은 2인자, 즉 좋은 헬퍼가 있는 목회자는 목회 사역에서 승리할 수 있음을 확신한다.

NINE SIMPLE RULES FOR PASTORS

원리8

양심 목회
양 도둑질하지 말라

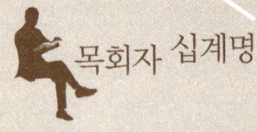
목회자 십계명

팔머(Palmer)는 목회자의 십계명을 다음과 같이 규정했다. 이는 모든 성도들이 지켜야 할 출애굽의 십계명처럼 절대적인 규범은 아니지만 오늘의 목회자가 꼭 지켜야 할 10가지이므로 기억하면 좋다.

1. 남의 양을 도둑질하지 말라.
2. 고자질을 삼가라.
3. 전임자에 대해 신중하라.
4. 후임자에 대해 세심하게 배려하라.
5. 성직의 권위를 지키라.
6. 좋은 시민이 되라.

7. 사명에 대해서 모든 시간을 드려라.
8. 보수에 매이지 말고 헌신하라.
9. 목회자로서 부녀자에 대한 책임을 잊지 말라.
10. 먼저 가정에서 성공하라.

팔머는 목회자 십계명 중에 첫째 계명을 "남의 양을 도둑질하지 말라"로 했다. 양 도둑질은 과거에도 현재에도, 서구교회에도 오늘날의 한국교회에도 있는 현실이다. 이것은 자기 교회의 양적인 성장을 위해 수단 방법을 가리지 않는 현상이요 가장 나쁜 비윤리적인 목회자 문제이다. 오늘날 한국 교회의 성장은 소위 이동 성장이 대부분이다. 이것은 진정한 의미에서 성장이 아니다.

다양한 성장 이론들

1. 질적 성장 (Qualitative Growth)

"그 말을 받은 사람들은 세례를 받으매 이 날에 신도의 수가 삼천이나 더하더라 그들이 사도의 가르침을 받아 서로 교제하고 떡을 떼며 오로지 기도하기를 힘쓰니라" (행 2:41-42).

질적 성장이란 무엇인가? 교회가 교회로서의 기능을 다하는 것이다. 사실 한국 교회가 지금 정체되어 있고 심지어 마이너스 성장이라는 현실 앞에 목회자는 참 어렵다. 그래서 이 현실을 타개하기 위해 고심하고 애쓰는 것은 당연한 일이다.

먼저 교회가 정체하는 이유들을 살펴보면, 교회 외적 요소로는 경제 성장과 부요를 들 수 있다. 이것은 이미 서구 교회가 국민 소득이 어느 정도(1만 불) 되었을 때 종교에 대한 관심이 약화되었던 역사를 통해서도 확인할 수 있다. 그리고 이에 따른 여가 산업의 발달과 종교다원주의의 영향, 대중문화의 확산 등도 이유가 된다. 반면 교회 자체가 가진 문제도 있다. 교회가 매력이 없고 목회자의 윤리 문제와 영성의 부족, 그리고 한국 사회 전반에 깔려 있는 교회의 부정적 이미지가 사람들을 교회로부터 멀어지게 만든다. 지금 소위 안티기독교가 얼마나 극성인가. 이러한 사상이 인터넷을 통해, 특히 젊은 계층에 파고들어 오늘날의 교회는 젊은이들이 점점 떠나고 있다.

이런 상황에서 목회자가 성장에 갈급하고 애쓰는 것은 당연하나 여기에 문제가 있다. 먼저 성장 개념부터 생각해 보자. 교회는 존재 목적이 있다. 즉 하나님이 이 땅에 교회를 두신 목적이 있다. 이것은 소위 교회의 기능이다. 신약성경에 나타난 교회의 기능은 다섯 가지로 요약될 수 있다. 예배, 교육, 교제, 전도, 봉사이다.

이 모든 것을 균형 있게 잘하는 교회가 건강한 교회이며 질적으로 성장하는 교회이다. 그러면 궁극적으로 하나님께 영광을 돌리게 된다. 물론 개인적으로 봤을 때 질적 성장이란 구원의 확신과 더불어 그리스도를 닮아가는 성화와 청지기적 사명을 모든 분야에서 잘 감당하는 것이다. 그런데 이와 같은 질적 성장이 대단히 중요함에도 불구하고 많은 목회자는 당장 눈에 보이는 수적·양적 성장에 목을 맨다. 그리고 숫자적 성장이 곧 목회의 성공이라며 성공한 목회자가 되기 위해 발버둥친다.

2. 양적 성장 (Quantitative Growth)

"예수께서 나아와 말씀하여 이르시되 하늘과 땅의 모든 권세를 내게 주셨으니 그러므로 너희는 가서 모든 민족을 제자로 삼아 아버지와 아들과 성령의 이름으로 세례를 베풀고 내가 너희에게 분부한 모든 것을 가르쳐 지키게 하라 볼지어다 내가 세상 끝날까지 너희와 항상 함께 있으리라 하시니라"(마 28:18-20).

확장 성장(Expansion) │ 사도행전을 보면 초대 예루살렘 교회가 적은 수에서 양적으로 점점 성장한 것을 볼 수 있다. 따라서 질적 성장만을 고집하고 양적 성장을 무시하는 것은 잘못이다. 초대 교회의 양적 성장을 지켜보면 다음과 같다.

"모인 무리의 수가 약 백이십 명이나 되더라 그 때에 베드로가 그 형제들 가운데 일어서서 이르되"(행 1:15).
"그 말을 받은 사람들은 세례를 받으매 이 날에 신도의 수가 삼천이나 더하더라"(행 2:41).
"말씀을 들은 사람 중에 믿는 자가 많으니 남자의 수가 약 오천이나 되었더라"(행 4:4).
"믿고 주께로 나아오는 자가 더 많으니 남녀의 큰 무리더라"(행 5:14).
"하나님의 말씀이 점점 왕성하여 예루살렘에 있는 제자의 수가 더 심히 많아지고 허다한 제사장의 무리도 이 도에 복종하니라"(행 6:7).
"하나님의 말씀은 흥왕하여 더하더라"(행 12:24).

교회는 계속해서 양적으로 증가하였다.

연장 성장(Extension) │ 다른 측면에서의 성장은 연장 성장이다. 즉 동일문화권의 새 교회를 개척하여 성장하는 경우이다.

"그리하여 온 유대와 갈릴리와 사마리아 교회가 평안하여 든든히 서 가고 주를 경외함과 성령의 위로로 진행하여 수가 더 많아지니라"(행 9:31).
"룻다와 사론에 사는 사람들이 다 그를 보고 주께로 돌아오니라"(행 9:35).
"온 욥바 사람이 알고 많은 사람이 주를 믿더라"(행 9:42).

즉 한 교회의 양적 성장을 넘어 다른 지역에서의 성장을 말해 주고 있다. 또 다른 성장은 선교 성장(Cross-Cultual)이다. 이것은 타문화권으로의 복음의 확장이다. 사도행전 13장에서 안디옥 교회가 중심이 되어 바울의 선교 여행이 시작된다. 동일문화권을 넘어 소위 선교 성장이 이루어진 것이다.

양적 성장의 요인들

개교회의 양적 성장에 국한해서 볼 때 성장의 요인들은 다양하다.

1. 출산 증가
가정을 이루고 자녀를 출산함으로 양적으로 교인의 수가 증가하는 것이다. 이는 아주 바람직한 현상이다. 그런데 지금 한국 사회는 소위 저출산의 큰 국가적 문제를 안고 있다. OECD 국가 중에 저출산율 1위이다. 자녀를 출산하지 않는 딩크족(Double Income No Kid)이 늘고 있다. 또는 출산하고 싶지만 임신이 안 되는 불임 가정이 늘고 있다. 게다가 출산한다고 해도 자녀를 한 명 정도만 낳기에 인구가 감소하는 현상이 나타나고 있다. 이렇게 된 이유는 여러 가지 측면에서 생각할 수 있다. 무엇보다도 경제적 문제이다. 자녀 출산과 교육에 엄청난 비용이 들기에 기피하는 것이다. 이것은 국가적으로 풀어야 할 중요한 문제이다. 그래서 요즘에는 자녀를 셋 낳으면 특혜를 주는 지자체들도 있다. 그래도 이 문제는 쉽게 해결이 되지 않고 결과적으로 초등학생 수의 감소로 학교 통폐합이 이루어지고 있다.

이 현상이 교회적으로는 주일학교 학생의 감소로 나타난다. 지금 교회마다 주일학교 학생들이 줄어들고 있고 심지어 주일학교가 아예 없는 교회도 있다.

물론 여기에도 여러 가지 이유가 있을 수 있다. 자녀 수의 감소와 동시에 학교 수업의 부담으로 인해 주일학교를 기피하는 경향이 생겨났다. 또한 주일학교가 더 이상 매력을 주지 못하기 때문에 텔레비전이나 게임 등 다른 재미있는 것들을 찾아 교회를 기피하기도 한다.

어떤 교회는 자녀를 셋 낳으면 100만 원의 축하금을 준다고 한다. 어쨌든 출산 증가는 바람직한 성장의 한 현상이기에 그리스도인은 할 수 있는 대로 자녀를 많이 낳아야 한다. 지금 모슬렘이 엄청난 세력으로 성장하고 있는데 물론 오일 머니(Oil Money)로 공략하여 모슬렘화하기도 하지만 자녀를 많이 낳음으로 그들의 세력을 키운다고 한다. 우리 그리스도인 역시 이러한 상황에 대처하기 위한 보다 적극적인 노력이 필요하다.

2. 회심 성장

회심 성장은 가장 바람직한 성장이다. 즉 비신자가 전도를 받아 복음을 듣고 교회에 나옴으로 그 교회가 양적으로 성장하는 것이다. 이것은 사도행전에서 예루살렘 초대 교회가 성장한 모습과 같다.

> "그들이 이 말을 듣고 마음에 찔려 베드로와 다른 사도들에게 물어 이르되 형제들아 우리가 어찌 할꼬 하거늘 그 말을 받은 사람들은 세례를 받으매 이 날에 신도의 수가 삼천이나 더하더라"(행 2:37, 41).

교회는 양적 성장을 목표로 삼고 복음을 전하는 것이 아니라 복음을 전하는 것이 교회의 본질이요, 고유 기능이기에 전하는 것이며 그 결과가 양적 성장으로 이어지는 것이라고 할 수 있다. 그런데 오늘날 한국 교회는 이 회심 성장의 비율이 약화되고 있어 안타깝다.

3. 이동 성장

이동 성장은 결코 바람직한 성장이 아니며, 엄밀한 의미에서 성장이 아니다. 물론 불가피하게 교회를 옮기는 경우도 있다. 하지만 요즘에는 교인들의 수평 이동이 너무 심각한 수준이다. 얼마 전 조사한 통계 자료를 살펴보면 다음과 같다.

▶ **교파별 이동**

변수	특성	빈도	비율(%)
교파	예장합동	153	14.4
	예장통합	202	19.1
	기타 예장 장로교	92	8.7
	감리교	71	6.7
	기하성	210	19.8
	침례교	210	19.8
	기장	50	4.7
	성결교	71	6.7

▶ 교회 직분별 이동

변수	특성	빈도	비율(%)
교회 직분	장로	6	0.6
	권사	31	2.9
	안수집사	63	6.0
	서리집사	495	46.9
	권찰	32	3.0
	일반 성도	427	40.6

▶ 이동 사유

변수	특성	빈도	비율(%)
이전 교회 이탈 사유 (전체)	직장 문제	230	23.1
	목회자 문제	227	22.8
	이사 문제	166	16.7
	봉사 문제	86	8.6
	갈등 문제	67	6.7
	예배 문제	60	6.0
	교육환경 문제	42	4.2
	헌금 문제	40	4.0
	전도 문제	32	3.2
	결혼 문제	26	2.6
	친교/교제 문제	20	2.0

▶ 교인 이동 횟수

변수	특성	빈도	비율(%)
교회 수평 이동 횟수	1회	285	34.9
	2회	235	28.8
	3회	182	22.3
	4회	60	7.4
	5회	27	3.3
	6회	10	1.2
	7회	4	0.5
	9회	4	0.5
	10회 이상	9	1.1

요즘 교인들은 철새와 같다. 내 교회 의식이 점점 희박해지고 있다. 물론 도시를 옮기는 정도의 이사 때문이라면 어쩔 수 없으나 심한 경우 이웃 교회로 옮기기도 한다. 앞의 이동 사유에서 그 다양함을 볼 수 있다. 좋은(?) 교회, 목회자의 설교 또는 자녀들의 신앙 교육 등으로 인해 쉽게 교회를 옮긴다. 결국은 점점 큰 교회로 이동하는 현상이 나타난다. 그래서 교회도 빈익빈, 부익부 현상이 심각하다.

문제는 이동 교인을 좋아하는 목회자에게 있다. 그야말로 "아무나 오게."이다. 묻지도 않고 따지지도 않는다. 일단 양적으로 성장하면 된다는 생각이 지배적이다. 나의 경우 일단 이동 교인은 반드시 이전 출석 교회에 신원을 확인하고 그가 어떤 사람이었으며 왜 교회를 떠났는지 그리고 우리 교회에 다녀도 되겠는지를 묻는다. 그러다 보면 어떤 사람이 문제 교인이며, 어떤 경우는 7계를 범하고 잠적하거나 돈 거래와 관련된 문제를 일으키고 도망한 경우라는 정보를 얻기도 한다. 때로 어떤 목회자는 그 교인을 받지 말고 자기 교회로 돌려보내 달라는 부탁을 하기도 한다. 교인 한 명이 떠날 때 목회자의 마음이 얼마나 아픈가? 경험해서 알기에 그런 교인은 본 교회로 돌아가라고 권한다.

양 도둑질하지 말라

스스로 찾아오는 이동 교인을 무조건 받아들이고 성장했다고 자랑하는 것도 문제지만 사실 더 나쁜 것은 의도적으로 다른 교회의 교인들을 도둑질하는 경우이다. 지금 한국 교회에서 자행되는 몇 가지 경우를 보자.

1. 차량을 이용한 교회 PR

일부 대형 교회들이 주일에 차량을 이용하여 인근 도시 교인들을 수송하는 경우이다. 심지어 다른 교회 앞에 차량을 주차해 놓고 자기 교회를 PR하며 유명 교회, 유명 목사에게로 이끄는 경우도 있다.

B시의 G교회는 한때 이런 일을 하다가 지역 교회 목회자들의 집단 반발과 항의를 받은 후 그 행위를 중단한 적이 있다. 그 대형 교회는 얼마 전에 "앞으로 이동 교인은 받지 않겠다."는 선언을 했다.

2. 총동원 전도를 이용한 교인 쟁탈전

한국 교회가 가진 장점 가운데 하나는 전도의 열정이다. 전도 프로그램 중 많은 교회들이 1년에 한두 차례 하는 것이 총동원 전도이다. 수개월 전부터 태신자(전도대상자)를 정하고, 기도하고, 방문하고, 정해진 주일에 일제히 초청하는 전도 방법이다. 한꺼번에 수천 명씩 오며 한 사람이 수십 명 내지 수백 명을 전도하는 특별한 전도 행사이다. 이를 통해 많은 새신자가 들어와서 교회가 성장을 경험하기도 한다.

문제는 전도대상자 가운데 다른 교회 교인들을 포함시키고 초청해 데려오는 경우이다. 두말할 것 없이 양 도둑질이다. 자기 교회로 전도하는 것도 좋고 좋은 교회라고 자랑하는 것도 좋으나 다른 교회에서 이미 신앙생활을 하고 있는 교인까지 빼앗아오는 것은 목회자 십계명 중 "남의 양을 도둑질하지 말라."는 제1계명을 범하는 파렴치한 일이다.

3. 이동 성장한 개척교회

가끔 목회 성공 사례를 접할 때가 있다. 그중에는 개척교회를 시작해 1-2년 만에 500-1,000명으로 성장한 노하우를 소개하는 경우도 있다. 그런 교회는 특히 아파트 지역 인근에 위치해 있다. 어떻게 이럴 수 있는가? 목회자가 무슨 특별한 노력이나 성장 노하우가 있는 것처럼 말하지만 거의 다 남의 교인들을 빼낸, 좋게 말해서 이동 성장이고 나쁘게 말하면 양 도둑질한 것이다.

4. 최악의 경우

서울 G교회 G목사의 실제 이야기이다. G목사는 지방 출신으로 서울에서 개척교회를 섬겼다. 그런데 이미 다른 교회에서 신앙생활을 잘하고 있는 장로, 집사들에게 전화를 걸어 "당신은 나와 같은 고향인데 왜 다른 지방 출신 목사 밑에서 신앙생활을 하느냐?"며 지방색을 부추겨서 교인들을 빼냈다. 그래서 많은 성장을 이루었다고 자랑삼아 이야기했다. 이것은 있을 수 없는 일이며 가장 못나고 악질적인 양 도둑질이다.

지나친 개교회주의와 성장지상주의로 양적 성장을 위해 양 도둑질까지 하는 비윤리적인 행태가 목회자 세계에서 자행되고 있다. 모든 교회는 하나님의 교회요, 하나라는 의식이 필요하다. 내 교회도 중요하고 잘되어야 하지만 이웃 교회, 다른 교회도 잘되어야 한다. 특수한 경우를 제외하고 이동 교인은 등록을 받지 않는 운동도 필요하다. 이를 위해 한 교회가 아닌 여러 지역 교회들이 함께 연대하는 것도 좋은 방법이다.

원리9

후임자 승계

아름답게 떠나고, 보내기

목회자의 윤리는 대단히 중요하다. 기독교는 윤리적 종교이다. 특별히 목회자가 지켜야 할 윤리는 다양하고 그 윤리성이 목회 사역에 미치는 영향이 크다. 늘 염두에 두어야 할 윤리적 명제에는 목회자와 성도 간의 윤리, 재정적 윤리, 그리고 이성 간의 윤리가 있다. 또한 목회자 간에 지켜야 할 윤리도 있다. 이들 중 특별히 교회 안에서 전임자와 후임자 사이에 지켜야 할 윤리가 있다. 이 관계는 교회에 지대한 영향을 미친다.

김병원 교수는 그의 책 『목회학』에서 선후임 간의 윤리로 몇 가지를 지적하고 있다.

후임자가 전임자에게 지켜야 할 윤리

▶ 전임자의 목회 계획을 존중
  전임자가 하던 목회 계획을 송두리째 백지로 돌리지 말고 보완하고 수정하는 방향으로 하되 서서히 할 것
▶ 전임자의 결점에 대한 처신
  전임자의 결점을 말하지 말 것이며, 혹시 교인이 말하더라도 동조하지 말고 듣기만 할 것
▶ 전임자에 대한 존경심과 공로 치하
  전임자를 향해 자기를 낮추고 존경심을 가지며 전임자의 수고와 공로를 치하하는 일을 잊지 말 뿐 아니라 교인들이 전임자를 칭찬할 때 시기하지 말고 같이 칭찬할 것
▶ 전임자와의 친교
  친밀한 교제를 통한 이해와 사랑으로 말미암아 서로의 문제는 자동 해소될 것이므로 전임자와 친교를 가질 것

전임자가 후임자에게 지켜야 할 윤리

▶ 후임자를 위한 일을 보다 중시
  전임자는 "내가 재임시 무엇을 했느냐"보다 "후임자를 위해 어떻게 했느냐"가 더 중요하다는 사실을 기억할 것

- ▶ 전임 교회 교우의 가정 방문을 삼갈 것

  떠난 교회 교우의 가정을 방문하는 일은 특별한 경우를 제외하고 가급적 삼갈 것
- ▶ 교인들의 비밀을 알리지 말 것

  후임자에게 교인들의 비밀을 알게 되면 건덕을 해치게 됨은 물론 후임자가 새롭게 목회할 양떼들에 대한 애정과 이미지를 흐리게 하므로 그 비밀을 일부러 알리지 말 것
- ▶ 전임 교회에 대해 사무적 간섭을 말 것

  초청의 여부를 막론하고 자기의 전임 교회로 되돌아와서 가정을 방문하거나 사무적인 일을 간섭해서는 안 되며 반드시 해야 할 일이라면 부임한 후임자와 의논해서 할 것

성경에 등장하는 선임과 후임

1. 모세와 여호수아

모세는 광야를 통과해서 가나안 땅까지 이스라엘을 인도하고 싶었다. 그러나 하나님은 허락하지 않으시고 그의 후계자 여호수아에게 지도력을 이양하게 하셨다. 이는 가장 좋은 지도력 계승의 사례라고 할 수 있다. 하나님의 명령을 따라 모세는 여호수아가 좋은 후

임이 되도록 여러 모양으로 훈련시켰다.

"모세가 여호수아에게 이르되 우리를 위하여 사람들을 택하여 나가서 아말렉과 싸우라 내일 내가 하나님의 지팡이를 손에 잡고 산 꼭대기에 서리라"(출 17:9).

"모세가 그의 부하 여호수아와 함께 일어나 모세가 하나님의 산으로 올라가며"(출 24:13).

"모세가 항상 장막을 취하여 진 밖에 쳐서 진과 멀리 떠나게 하고 회막이라 이름하니 여호와를 앙모하는 자는 다 진 바깥 회막으로 나아가며 모세가 회막으로 나아갈 때에는 백성이 다 일어나 자기 장막 문에 서서 모세가 회막에 들어가기까지 바라보며 모세가 회막에 들어갈 때에 구름 기둥이 내려 회막 문에 서며 여호와께서 모세와 말씀하시니 모든 백성이 회막 문에 구름 기둥이 서 있는 것을 보고 다 일어나 각기 장막 문에 서서 예배하며 사람이 자기의 친구와 이야기함 같이 여호와께서는 모세와 대면하여 말씀하시며 모세는 진으로 돌아오나 눈의 아들 젊은 수종자 여호수아는 회막을 떠나지 아니하니라"(출 33:7-11).

"한 소년이 달려와서 모세에게 전하여 이르되 엘닷과 메닷이 진중에서 예언하나이다 하매 택한 자 중 한 사람 곧 모세를 섬기는 눈의 아들 여호수아가 말하여 이르되 내 주 모세여 그들을 말리소서 모세가 그에게 이르되 네가 나를 두고 시기하느냐 여호와께서 그의 영을 그의 모든 백성에게 주사 다 선지자가 되게 하시기를 원하노라"(민 11:27-29).

"에브라임 지파에서는 눈의 아들 호세아요"(민 13:8).

"여호와께서 모세에게 이르시되 눈의 아들 여호수아는 그 안에 영이 머무는 자니 너는 데려다가 그에게 안수하고 그를 제사장 엘르아살과 온 회중 앞에 세우고 그들의 목전에서 그에게 위탁하여 네 존귀를 그에게 돌려 이스라엘 자손의 온 회중을 그에게 복종하게 하라……모세가 여호와께서 자기에게 명령하신 대로 하여 여호수아를 데려다가 제사장 엘르아살과 온 회중 앞에 세우고 그에게 안수하여 위탁하되 여호와께서 모세에게 명령하신 대로 하였더라"(민 27:18-23).

"여호와께서 이미 말씀하신 것과 같이 네 하나님 여호와께서 너보다 먼저 건너가사 이 민족들을 네 앞에서 멸하시고 네가 그 땅을 차지하게 할 것이며 여호수아는 네 앞에서 건너갈지라"(신 31:3).

"모세가 여호수아를 불러 온 이스라엘의 목전에서 그에게 이르되 너는 강하고 담대하라 너는 이 백성을 거느리고 여호와께서 그들의 조상에게 주리라고 맹세하신 땅에 들어가서 그들에게 그 땅을 차지하게 하라 그리하면 여호와 그가 네 앞에서 가시며 너와 함께 하사 너를 떠나지 아니하시며 버리지 아니하시리니 너는 두려워하지 말라 놀라지 말라"(신 31:7-8).

"모세가 눈의 아들 여호수아에게 안수하였으므로 그에게 지혜의 영이 충만하니 이스라엘 자손이 여호와께서 모세에게 명령하신 대로 여호수아의 말을 순종하였더라"(신 34:9).

모세를 계승한 여호수아는 모세의 사역 정신을 이어받아 가나안 정복의 사역을 완수했다. 두 사람 사이에는 아무런 갈등이 없었고 뒤이은 모세의 사망으로 더 이상 문제 발생의 여지가 없었다. 하나님이 후임자 여호수아를 격려하심을 보라.

"네 평생에 너를 능히 대적할 자가 없으리니 내가 모세와 함께 있었던 것 같이 너와 함께 있을 것임이니라 내가 너를 떠나지 아니하며 버리지 아니하리니 강하고 담대하라 너는 내가 그들의 조상에게 맹세하여 그들에게 주리라 한 땅을 이 백성에게 차지하게 하리라 오직 강하고 극히 담대하여 나의 종 모세가 네게 명령한 그 율법을 다 지켜 행하고 우로나 좌로나 치우치지 말라 그리하면 어디로 가든지 형통하리니 이 율법책을 네 입에서 떠나지 말게 하며 주야로 그것을 묵상하여 그 안에 기록된 대로 다 지켜 행하라 그리하면 네 길이 평탄하게 될 것이며 네가 형통하리라 내가 네게 명령한 것이 아니냐 강하고 담대하라 두려워하지 말며 놀라지 말라 네가 어디로 가든지 네 하나님 여호와가 너와 함께하느니라 하시니라"(수 1:5-9).

2. 엘리야와 엘리사

또 다른 선임과 후임의 좋은 관계 모델은 엘리야와 엘리사에게서 찾아볼 수 있다. 위대한 엘리야의 사명이 끝나자 하나님은 엘리사가 그 과업을 계승케 하셨다. 모세와 여호수아의 계승과 같이 엘리야와 엘리사의 사역 계승에도 아무런 문제가 없었다.

사역 계승은 육상에서 계주 경기와 같다. 바통을 잘 주고받으면 더 잘 달릴 수 있으나 바통을 떨어뜨리거나 무슨 문제가 생기면 그 팀은 경기에서 패하고 만다. 오늘 한국 교회의 전임자와 후임자 간에 문제가 많이 일어나는 것을 볼 수 있는데 참으로 안타까운 일이다. 어느 교회는 바통을 잘 주고받아 더 발전하는 반면 어느 교회는 이것이 잘못되어 교회가 큰 시련을 겪는 경우도 종종 있다.

후임자 승계 사례

"후임자를 어떻게 세우는가?" 하는 문제에 관해서 크게 세 가지 경우를 볼 수 있다. 먼저 전임자의 자녀 중에 후임자를 세우는 경우이다. 소위 많은 지탄을 받고 있는 목회 세습이다. 주로 대형 교회들이 목회자의 자녀를 후임자로 세우는데 여기에는 찬반론과 장단점이 있을 수 있다.

"교회가 무슨 기업도 아니고 북한 정권같이 왜 목회자가 교회를 사유물로 생각하고 자녀에게 넘겨주는가" 하는 비판이다. 물론 자격 미달인 자녀를 억지로 후임자로 세우는 것은 큰 문제이다. 그것은 전임자나 후임자, 그리고 교회 전체에 불행이다. 그러나 충분한 자격이 있고, 또 전임자의 영향이 아닌 온 당회와 교회가 정말 기뻐하며 목회자의 자녀를 후임자로 모신다면 굳이 나쁘다고 할 수는 없을 것이다.

자녀를 후임자로 세우는 경우, 다 그렇지는 않겠지만 대체로 전임자와 후임자 사이에 갈등이 적다. 좋은 사례가 S교회 L목사나 S교회 P목사의 경우이다. 이들은 잘 승계하여 교회가 평안하고 더 부흥했다. 그러나 S교회 K목사의 경우 자녀를 무리하게 세워 많은 문제를 일으켰고 그 후 부자간의 갈등으로 교회가 큰 시련을 겪었다. 그 외에 D교회, K교회, 또 다른 K교회 등도 별로 좋지 않은 사례가 되고 있다.

다음으로 전임자의 추천이나 영향으로 후임자를 세운 경우이다. 전임자가 충분히 인물을 보고, 또 어떤 경우에는 전임자의 은퇴 2-3년 전부터 부교역자적 위치에서 동역하여 교인들의 검증을 통해 인정받은 후 후임으로 결정하는 것인데, 어떻게 보면 가장 좋은 사례라고 할 수 있다. 전후임의 갈등이 전혀 없지는 않겠지만 비교적 순탄할 수 있다.

S교회 K목사의 경우나 I교회 L목사, C교회 H목사의 경우 이와 같은 방법으로 승계를 이루어 교회가 비교적 안정적으로 부흥하고 있다. 이 경우는 전임 목회자가 교인들로부터 전적인 신뢰를 받아야 가능하다.

마지막으로 전임 목회자가 완전히 배제된 채 교인들의 의사만으로 후임을 결정하는 경우가 있다. 이는 전임 목회자가 교회로부터 불신을 당한 경우이다. 은퇴를 앞둔 목회자에게 "후임은 우리가 결정할 테니 목사님은 일체 관여하지 마십시오." 하는 것이다. 물론 이런 경우에도 아주 좋은 후임이 결정될 수 있다. 그러나 대체로 전임자와 후임자 사이에 좋은 관계를 유지하는 데 어려운 점이 많다. 더욱이 전임자에 대한 향수와 후임자에 대한 불신이 겹치면 교회는 지도력 승계로 인해 큰 시험에 들 수 있다. 서울의 Y교회, S교회 등이 이와 같은 지도력 계승으로 인해 큰 시련을 겪었다.

전임자, 아름답게 떠나기

평생을 목회하고 오로지 교회만 생각하고 살다가 정년이 되어 원로로 은퇴할 때 그 상실감은 엄청나게 클 것이다. 그러기에 미리미리 잘 준비해야 한다. 일반적으로 원로 은퇴 후에 목회자가 후임자와 교회에 대해 가지는 자세는 몇 가지로 분류해 볼 수 있다.

1. 사사건건 간섭하는 유형

한마디로 은퇴 후에도 교회의 모든 일에 간섭하는 유형이다. 후임 목회자의 모든 사역에 사사건건 간섭한다. 설교나 인사 행정에 관해서뿐 아니라 심방이나 심지어 복장까지 간섭하고 마치 은퇴하지 않은 현역으로 행세하는 듯 보인다. 당회장실 옆에 더 좋은 원로목사실을 두고 거의 매일 출근하다시피하고 예배는 물론 주일학교까지 매주 돌아보며 잘잘못을 지적한다. 당회원들에게 전화하여 후임 목회자의 문제를 지적하고 은퇴 후에도 결혼식 주례를 하고 매월 한 차례씩 주일 설교도 한다.

물론 30여 년을 하루같이 섬기던 교회이니 어찌 애착을 갖지 않을 수 있겠는가? 자신이 교회를 개척한 목회자라면 더 애착이 갈 것이다. '내가 어떻게 세운 교회인데' 하는 의식이 강할 수밖에 없다. 젊고 뭣도 모르는 후임자가 혹 교회를 망칠까 두려워 시어머니가 며느리를 간섭하듯이 매사에 간섭한다.

이것은 결코 바람직하지 않은 모습이다. 이 경우 얼마 못 가 전후임 간의 갈등과 감정의 골이 깊어지고 당회원을 비롯하여 교인들이 원로목사 편과 담임목사 편으로 갈라져 싸움이 일어나게 된다.

지금 한국 교회에 이런 경우가 많다. B시 A교회의 경우는 이 일로 교회가 양분되어 원로목사 편과 담임목사 편이 예배당 상하로 나누어 예배드리고 서로의 정당성을 주장하여 노회나 세상 법정의 재판을 받고 있다. S시의 M교회도 이와 유사하다. 물론 후임자의 잘못도 있겠지만 일차적으로 전임 원로목사가 은퇴 후에 지나치게 교회와 후임 목회자에게 간섭하여 생긴 사건이다. 이런 문제에 대해 C교회

L원로목사의 경우는 존경을 받고 있다.

L목사는 후임 목회자에게 완전히 지도력을 이양하고 철저히 후임 목회자 중심으로 목회가 이루어지도록 불간섭 원칙을 고수했다. 물론 주일에도 다른 교회를 출석하셨다. 원로 은퇴 후에 얼마 지나지 않아 당회원들이 후임 목회자가 잘못한 것을 가지고 찾아와서 "목사님, 교회가 큰일 나게 되었습니다. 후임을 좀 지도해 주십시오."라고 간청했다고 한다. 그때 L목사는 "나는 떠난 사람, 이 교회 목회자가 아니요. 죽이 되든 밥이 되든 후임 담임목사와 기도하고 의논하여 교회를 잘 세워가시오."라고 하며 일체의 간섭을 하지 않았다. 그 결과 교회는 후임 목회자 중심으로 아주 모범적인 교회로 성장했다.

물론 후임 목회자가 처음에는 약간의 문제를 일으킬 수 있다.

30년 넘게 사역한 노련한 목회자와 어찌 비교할 수 있겠는가? 그러나 믿고 맡겨야 한다. 그래야 교회가 바로 설 수 있다.

2. 교회를 떠나는 유형

간섭하는 유형과 정반대의 경우로 원로 은퇴 후에 간섭을 안 할 뿐 아니라 교회 출석까지 안 하는 경우이다. 이는 원로목사의 의지일 수도 있고 때로는 은퇴 전 교회와의 갈등으로 결정된 것일 수도 있다. 후자의 경우는 바람직하지 않으나 전자의 경우와 같이 원로목사가 후임자와 교회를 위해 스스로 그 교회를 출석하지 않는 것이 좋다.

그러나 사실 은퇴 후 출석할 만한 교회가 없어 고민하는 목회자들이 많다. 자녀들이 지방이나 외국에 있을 경우 그곳으로 가기도 하고 은퇴 목회자 가족이 모이는 은목교회에 출석하는 경우도 있다. 간혹 후배 목회자가 사역하는 교회에 나가기도 하는데 선배 목사님 오셨다고 축도를 부탁하고 후에 약간의 거마비로 사례를 하면 다음부터 나가기가 어려워진다. 그래서 아예 큰 교회 1부 예배 때 자신의 신분을 드러내지 않고 조용히 예배드리는 은퇴 목회자들이 많다.

교회 출석을 안 하니 일체 교회 간섭도 없다. 그러니 외로울 수밖에 없다. 그래서 같은 은퇴자들끼리의 모임을 가질 필요가 있다.

3. 교회에는 출석하나 간섭하지 않는 유형

이 경우도 참 불편하다. 먼저 예배 때 어디에 앉을 것인가부터 고민이다. 앞자리에 앉으면 후임 목회자가 불편해하는 것 같고 또 뒷자리에 앉으면 교인들이 인사하면서 왜 여기 앉아 계시냐며 앞으로 가기를 권한다.

대형교회의 원로목사인 O목사는 주일예배 때마다 예배실 기둥에 가려 강단에서 잘 보이지 않는 곳을 택해서 앉았다. 일부 안내하는 제직들은 그 자리가 원로목사 자리라고 알고 있었다. 그런데 어느 주일 조금 늦게 가니 이미 어느 성도가 앉아 있었다.

그러자 안내하던 제직이 원로목사님 앉으시게 자리 좀 비켜달라고 했다. 먼저 앉았던 성도는 불평하며 자리를 떠났다. 그 후 교회 홈페이지에 "교회 어느 자리는 누가 선점해도 되느냐"는 비난의 글이 올라왔다. 그 사실을 안 원로목사는 이제 어디에서 예배드릴지 고민이 컸다.

또한 예배 후에 나오다 보면 교인들과 마주치게 되어 인사하는 것도 불편할 수 있다. 그래서 D교회 C목사는 축도 후에 먼저 피하듯이 나와버린다고 한다.

어떻게 하든 전임 목회자는 후임 목회자에게 누가 되지 않도록 하는 것이 가장 중요하다. 결코 내 교회 의식을 가져서는 안 되고 후임을 믿고 완전히 맡겨야 하며 목회 간섭을 절대로 해서는 안 된다. 나이가 많아지면 소위 섭섭병이 들기 쉽다. 이를 경계하고 늘 할 수 있는 대로 교회와 후임 목회자를 위해 기도하고 후임자를 격려하고 칭찬해야 한다.

후임자를 확실하게 세워주라 | 나의 경우 전임 목사님이 캐나다로 이민 가시면서 후임자로 나를 세우셨다. 공동의회를 마친 날 목사님은 나를 강단 위로 올라오게 하시고 입고 있던 목사 가운을 벗

어 내게 입히셨다. 마치 엘리야가 엘리사에게 승계하듯이……. 그리고는 "나는 이제 여러분의 목사가 아닙니다. 이제부터는 김 목사가 여러분의 목사입니다. 나는 이제 물러갑니다." 하고 선언하셨다. 온 교회가 박수하며 눈물을 흘렸다. 그리고 내게 예배 축도를 맡기셨다. 울면서 축도했던 기억이 생생하다. 온 교회가 감격하며 목회 승계를 받아들였다. 확실하게 세워주고 떠나신 것이다. 전임자의 전폭적인 지지와 후원, 확실한 목회 승계는 후임자의 든든한 힘이 된다.

은퇴, 제2의 인생 | 어떤 목회자들은 은퇴한 뒤에 아주 홀가분하게 느끼고 목회자가 아닌 제2의 인생을 살아간다. 그러나 허망함을 느끼는 목회자들도 있다. 한평생 교회와 목회만 알고 전심전력하다가 은퇴를 하니 그 허무감을 달랠 수가 없다고 한다.

바람직한 것은 전자이다. 은퇴 후에는 자기관리가 필요하다. 먼저 스스로를 위해 건강을 관리하고 정서 관리, 시간 관리를 잘해야 한다. 교회와의 관계는 먼저 마음을 비워야 한다. 그 비움에서 후임 목회자의 사역이 나와 다름을 인정하고 변화를 수용하게 된다.

아름다운 세대교체를 보여준 사랑의교회 옥한흠 목사의 경우 "내가 사역했던 시대와 방법은 후임 오정현 목사의 시대와는 다르다"고 인정했다. 또한 "이 시대는 오정현 목사와 같은 사역이 필요하다"고

후임을 인정하고 세워주었다. 은퇴 후가 더 아름다운 목회자가 되어야 하겠다.

후임자, 아름답게 보내기

부자 관계의 세습으로 되었든, 전임자의 추천으로 되었든 또는 전임자와 아무런 관계없이 후임자로 결정되었든 후임자가 전임자에게 반드시 지켜야 할 윤리 규범이 있다. 사실 아무리 후임자가 전임 원로목사에게 잘해도 전임자는 인간적으로 만족할 수 없을 것이다. 그러나 후임자는 최선을 다해 전임자와 좋은 관계를 유지해야 한다.

부끄럽게도 오늘 교회 현실은 대부분 전임자와 후임자의 관계가 그리 좋지 못한 것이 사실이다. 그러나 탁월하게 전임과 후임 관계가 잘된 교회도 있다. 물론 원로목사도 잘했지만 후임 목회자가 아주 잘한 경우이다.

현재 자타가 공인하는 전임 목회자를 가장 잘 섬긴 목회자로, 인천제2교회 이건영 목사의 경우를 보자. 그는 『아름다운 동행』이라는 책에서 자신이 후임 목회자로서 전임 목회자를 어떤 자세로, 어떻게 섬겼는지를 열두 가지로 말하고 있다. 그중에서 중요한 몇 가지를 소개하겠다.

1. 원로목사의 여운과 흔적 남기기

이 목사는 담임목사가 된 첫 주에 목회 방침으로 몇 가지를 말했다.

"첫째, 한 달에 한 번씩 주일오전예배 설교를 원로목사님께 부탁드리겠다(물론 원로목사님은 은퇴 후 교회 출입을 않겠다고 하셨다).

둘째, 주보에 주일오전예배 순서에 원로목사님이 축도하시도록 기록하겠다.

셋째, 본 교회 강단에 아홉 개의 의자가 있는데 한가운데 있는 의자는 원로목사님이 늘 앉으시던 자리이니 이후 목사님이 소천하시기 전까지 나는 그 자리에 앉지 않겠다."

많은 경우 후임 목회자는 전임 목회자의 흔적 지우기에 힘쓴다. 그 흔적이 없어져야 자신의 목회 입지가 세워진다고 생각하여 과거 전임자의 역사를 지우려고 하는 것이다. 좀 지나친 경우이긴 하지만 부임 직후 곧바로 주보를 다 바꾸고 강대상 구조를 바꾸어버린다. 또한 예배 순서도 바꾼다. "새 포도주는 새 부대에 담는다."고 말하며 과거 전임자의 목회 철학을 다 부인한다.

물론 어느 정도의 변화는 불가피하고 또한 필요하다. 그러나 너무 급하게 하지 말아야 한다. 서서히 해야지 억지로 과거 역사를 지우려고 하면 안 된다. 오늘은 어제의 결과이기 때문이다. 예를 들어 J교회 S목사는 너무 급격하게 전임자의 과거 역사를 지우기 위해 변화를 시도하다가 교회의 저항을 받아 결국 사임하고 말았다.

2. 인간적 친밀감 가지기

요즘은 친부자 간에도 친밀감이 떨어지고 거리가 있는데 전임 목회자와 후임 목회자 사이에 인간적인 친밀감을 가지기란 쉽지 않다. 그러나 이건영 목사는 전임 원로목사님과 인간적인 친밀감을 잘 유지했다.

그 구체적인 사례는 가장 먼저, 명절에 찾아뵙기이다. 그는 설이나 추석에 온 교역자들과 더불어 원로목사님을 찾아뵙고 세배를 드리고 덕담을 듣곤 했다. 그때 원로목사님이 세뱃돈까지 주셨다고 한다. 다음으로, 함께 여행가기이다. 이 목사는 원로목사님 내외분을 모시고 노회나 목회자 수련회 등 여러 모임에 참석하고 국내외로 여행을 하며 최선을 다해 섬겼다. 광주의 어떤 목회자는 매주 월요일마다 원로목사님 부부를 모시고 식사 대접을 한다고 한다.

3. 원로목사 말씀 경청하기

사실 원로의 입장에서 후임 젊은 목회자가 하는 사역을 보면 마음에 들지 않는 부분이 많을 것이다. 그래서 후임자에게 간섭을 하는 경우가 있다. 사실 후임 목회자가 전임 목회자의 간섭을 받으면 별로 기분이 안 좋다. 그러나 목회 대선배요 자신이 목회하는 교회의 오늘을 이룬 분이기에 존경하는 마음으로 말씀을 경청하는 자세가 필요하다.

이건영 목사는 원로목사님을 정말 아버지같이 모시고 지극히 존경하는 자세를 가지고 있다. 특별 행사로 원로목사님의 생신이 있는 주일예배 후 전 교인과 함께 축하 노래를 부르고 케이크를 자르며 축하해 드리기도 했다.

사실 쉽지 않다. 그러나 전임자와 후임자가 좋은 관계를 유지하면 당사자도 좋을 뿐 아니라 결국 교회가 평안하고 교인들이 행복해진다. 무엇보다 전임자나 후임자나 항상 교회 중심으로 생각하고 처신하는 것이 중요하다.

교회가 가져야 할 자세

노량진교회 원로목사 림인식 목사는 다음과 같이 말했다. "교회는 하나의 가정과 같아서 가장 이상적인 태도는 원로목사와 담임목사를 꼭 같이 존경하고 사랑하는 것이다."

원로목사가 있는 교회에서 일어날 수 있는 몇 가지 유형이 있다. 첫째, 교우들이 원로목사만 존경하고 생각하며 옛날 이야기만 하면서 담임목사의 목회에 비협조하는 경우이다. 이것은 가장 좋지 못한 사례이다.

둘째, 원로목사를 완전히 잊어버리고 담임목사만 중심으로 하는 유형이다. 이 경우 그런 대로 목회도 잘되고 교회도 발전할 수 있다. 겉모양은 평온해 보이지만 교회 분위기는 마치 부모를 냉대하는 집안 같아서 무언가 냉랭한 기운이 감돈다.

셋째, 노년층과 오래된 교우는 원로목사를 가까이하고 청년층과 새신자는 담임목사를 가까이하는 유형이다. 대개의 경우 자연스럽게 이렇게 되기 쉽다. 이런 교회는 남편 이삭은 큰아들인 에서를 끼고 돌고, 아내는 작은아들인 야곱을 사랑하여 끼고 돌며 편애하는 집안처럼 분위기가 좋지 않고 은혜와 복을 받기에도 부족하다.

넷째, 원로목사와 담임목사를 똑같이 존경하며 사랑하되 담임목사에게는 적극적으로 목회에 협조하고, 원로목사에게는 대외적으로 활동하는 등 자유목회를 할 수 있도록 돕는 유형이다.

모든 원로목사는 날이 갈수록 존경받으며 본을 보여주는 사표가 되고, 모든 담임목사는 날이 갈수록 목회에서 성공하고, 교회는 날이 갈수록 성장 발전하며 좋은 교회가 되기를 바란다.

NINE SIMPLE RULES FOR PASTORS

맺음말

　나는 재미있게 목회를 해왔다. 어느 누구보다 행복한 목회자이다. 3대째 신앙가정에서 태어나고 좋은 신앙교육을 받으며 성장하여 목회자가 되었다. 대구서문교회에서 3년은 부교역자로 존경하는 이성헌 목사님의 지도와 사랑을 받으며 참 좋은 훈련을 받았다. 그리고 29세에 초임 담임목사가 되었다. 어린 나이였고 서툰 시절이었다. 그 때 잘 따라 주었던 진주성남교회의 교인들을 잊을 수 없다. 그리고 서현교회의 32년은 은혜와 감사뿐이다.

　목회직은 가장 영광스러운 직이다. 사도 바울도 이방인의 사도로 부르심을 받아 복음의 일꾼이 된 것을 감격하며 감사했다(딤전1:12). 그러나 가장 영광스럽기에 또한 가장 어려운 직이다. 지금 모두가 한국교회의 위기를 말하고 있는데 교회의 위기는 곧 목회자의 위기이다.

오늘날 한국교회 목회자의 위기는 소명감의 상실에서 온다. 목회직이 소명이 아닌 하나의 직업화 된 것이다. 동시에 목회자의 거룩성이 점차 없어지고 도덕적 수준이 하락하는 것 또한 위기이다. 목사는 항상 하나님의 부르심 앞에서 초심을 잃지 않아야 한다. 왜 하나님께서 나를 목회자로 부르셨는가? 나는 오늘 목회자로서 제대로 사역을 하고 있는가? 목사는 이 두 가지 질문을 스스로에게 물어야 하고 그 대답을 자신이 확실하게 할 수 있어야 한다.

필자 자신이 날마다 부족한 목사임을 고백하면서 어쩌다 보니 목사로서 30년 이상을 사역하게 되었다. 뒤돌아보니 부끄러운 흔적들이 많다. 기술한 9가지 원리들은 30여 년 목회 경험에서 나온 이야기들이며 나 자신의 부끄러운 고백들도 있다. 하나님의 교회는 영광스럽고 그 사명 수행의 목사직도 영광스러운데, 우리의 부족으로 하나님의 영광이 훼손되지 않아야겠다.

오늘날의 목회현장은 그리 평탄하지 않다. 또 한국교회의 상황도 그리 밝지 못하다. 추락하는 목회자들의 모습은 우리 모두를 안타깝게 하고 마음 아프게 한다. 한국교회는 다시 일어서야 하고 목회자들은 다시 분발해야 한다.

사명선언문

너희가 흠이 없고 순전하여……세상에서 그들 가운데 빛들로
나타내며 생명의 말씀을 밝혀 _ 빌 2:15-16

1. 생명을 담겠습니다
만드는 책에 주님 주신 생명을 담겠습니다.
그 책으로 복음을 선포하겠습니다.

2. 말씀을 밝히겠습니다
생명의 근본은 말씀입니다.
말씀을 밝혀 성도와 교회의 성장을 돕겠습니다.

3. 빛이 되겠습니다
시대와 영혼의 어두움을 밝혀 주님 앞으로 이끄는
빛이 되는 책을 만들겠습니다.

4. 순전히 행하겠습니다
책을 만들고 전하는 일과 경영하는 일에 부끄러움이 없는
정직함으로 행하겠습니다.

5. 끝까지 전파하겠습니다
모든 사람에게, 땅 끝까지, 주님 오시는 그날까지
복음을 전하는 사명을 다하겠습니다.

서점 안내

광화문점 서울시 종로구 새문안로 69 구세군회관 1층
  02)737-2288(T) 02)737-4623(F)

강남점 서울시 서초구 신반포로 177 반포쇼핑타운 3동 2층
  02)595-1211(T) 02)595-3549(F)

구로점 서울시 구로구 시흥대로 577 3층
  02)858-8744(T) 02)838-0653(F)

노원점 서울시 노원구 동일로 1366 삼봉빌딩 지하 1층
  02)938-7979(T) 02)3391-6169(F)

분당점 경기도 성남시 분당구 황새울로 315 대현빌딩 3층
  031)707-5566(T) 031)707-4999(F)

신촌점 서울시 마포구 서강로 144 동인빌딩 8층
  02)702-1411(T) 02)702-1131(F)

일산점 경기도 고양시 일산서구 중앙로 1391 레이크타운 지하 1층
  031)916-8787(T) 031)916-8788(F)

의정부점 경기도 의정부시 청사로47번길 12 성산타워 3층
  031)845-0600(T) 031) 852-6930(F)

인터넷서점 www.lifebook.co.kr